Andrzej Stasiuk
Dojczland

wydawnictwo Czarne

Wołowiec 2007

Projekt okładki i stron tytułowych *Kamil Targosz*

Zdjęcie Autora © *Renate Schmidgall*

Copyright © by *Andrzej Stasiuk*, 2007

Redakcja *Magdalena Budzińska*

Korekta *Małgorzata Pasz / Design Plus*

Małgorzata Poździk / Design Plus

Projekt typograficzny i skład *Robert Oleś / Design Plus*

ISBN 978-83-7536-005-9

WYDAWNICTWO CZARNE S.C.
www.czarne.com.pl

Sekretariat: ul. Kołłątaja 14, III p., 38-300 Gorlice, tel./fax +48 18 353 58 93
e-mail: arkadiusz@czarne.com.pl, mateusz@czarne.com.pl

Redakcja: Wołowiec 11, 38-307 Sękowa, tel./fax +48 18 351 02 78
tel. +48 18 351 00 70, e-mail: redakcja@czarne.com.pl

Dział promocji: ul. Jaracza 6/5, 00-378 Warszawa, tel./fax +48 22 621 10 48
e-mail: agnieszka@czarne.com.pl, joanna@czarne.com.pl,
anna@czarne.com.pl

Dział sprzedaży: Beata Motyl, MTM Firma, ul. Zwrotnicza 6
01-219 Warszawa, tel./fax +48 22 632 83 74, e-mail: mtm-motyl@wp.pl

Skład: Design Plus, ul. Morsztynowska 4/7, 31-029 Kraków

tel./fax +48 12 432 08 52

Druk i oprawa: OPOLGRAF SA, ul. Niedziałkowskiego 8–12,

48-085 Opole, tel. +48 77 454 52 44

Wołowiec 2007; wydanie I; ark. wyd. 3,25; ark. druk. 7

Dla Renate i Olafa

W Stuttgarcie na dworcu stary mężczyzna dał mi kartkę z kalendarza: „Piątek, piąty sierpnia dwa tysiące pięć". Na kartce był cytat z Pierwszej Księgi Samuela: „Zatrzymaj się teraz, bym ci oznajmił słowo Boże". Potem odszedł. Widziałem, jak idzie w głąb dworcowej hali i próbuje obdarowywać następnych. Wysoki, chudy, siwy i powolny wśród spieszącego się tłumu. Niektórzy brali, ale większość omijała go, tak jak omija się tych wszystkich rozdawaczy ulotek o taniej pizzy i wyprzedażach.

Byłem piąty dzień w drodze i nie mogłem się zatrzymać. Musiałem jechać do Tybingi. Stuttgarcki dworzec przypominał bukareszteński Gara de Nord. Brakowało tylko ochroniarzy przeganiających bezdomnych i dzieciaków wąchających klej. Reszta była bardzo podobna. Tak mi się wydawało.

Byłem piąty dzień w drodze i musiałem szukać podobieństw, żeby zachować równowagę. Musiałem w Stuttgarcie przypominać sobie Bukareszt, by lepiej zapamiętać Niemcy. W każdym razie wyjście na perony było bardzo podobne. Na Gara de Nord kupiłem kiedyś czarną bandanę we wzór złożony z dziesiątków maleńkich, białych kościotrupów. Kościotrupy uprawiały seks we wszystkich możliwych pozycjach. Jechałem w deltę Dunaju i zapomniałem czapki, więc musiałem kupić bandanę. Ale teraz czekałem na pociąg do Tybingi. Stary mężczyzna w dworcowej ciżbie wyglądał jak prorok wołający na puszczy. Wyciągał dłoń z kartką, czekał chwilę na reakcję, potem cofał ją i ruszał dalej.

Pociąg był w rodzaju tych podmiejskich, zatłoczony. Jechali sami młodzi. Byłem najstarszy. Potem wsiadł facet w skórzanej kurtce. Pod pachą miał nowe tablice rejestracyjne. Wyjął telefon i zaczął mówić po serbsku, może po chorwacku, w każdym razie jakoś tak stamtąd. Wyciągnął nogi daleko przed siebie i mówił, mówił, mówił. Próbowałem patrzeć na pejzaż, ale Serb, czy może Chorwat mnie rozpraszał. Gadał, jakby był u siebie, jakby czas nie istniał, jakby siedział gdzieś w cieniu, popijał, palił i mądrzył się o polityce, naturze świata i motoryzacji. Za oknem był bawarski listopad, a ja czułem bałkańskie lato. Jakiś Belgrad, Tivat, w każdym razie tamte strony z ich gadatliwością, lenistwem i tupetem. Na nogach miał rozdeptane pantofle i skarpetki ze sztucznego tworzywa. W końcu przestał mówić, bo akurat była stacja, na której wysiadał.

Wiozłem przez Niemcy wszystko, co wcześniej widziałem. Musiałem zabrać ze sobą te wszystkie rzeczy, żeby poradzić sobie z trzydziestoma ośmioma niemieckimi miastami. Trzeba być wcześniej w Tulczy, żeby uporać się z widokiem Frankfurtu nad Menem, gdy pociąg wjeżdża od północy i przez pięć-sześć sekund widać z mostu sploty torowisk, wieżowce i elektrownię, i to jest wielkie, groźne i piękne niczym babilońska alegoria. Trzeba mieć w sercu odciśnięty obraz rumuńskiego stepu, żeby wyjść z tego cało.

Ale teraz jechałem do Tybingi, by z okien hotelu patrzeć na Neckar. Dałbym głowę, że na zielonych falach unosiły się łabędzie. Po drugiej stronie rzeki miasto wspinało się na wzgórza. Wille, pałacyki, śliczności, cukiernictwo, jakby czas zatrzymał się sto lat wcześniej. Późna łaskawa jesień złoci ten pejzaż, zasnuwa błękitną mgłą, bierze w palce i delikatnie wyjmuje z rzeczywistości niczym pamiątkowy bibelot. Piłem czerwone wino z butelki i patrzyłem ponad Eberhardsbrücke w górę rzeki. U stóp Wieży Hölderlina cumowało kilka czarnych łodzi. Ten kolor przywodził mi na myśl czółna ze Sfântu Gheorghe. I łódki z Gródka nad Bugiem. Jedne i drugie cuchnęły smołą, rybami i mułem. Tych drugich używano do połowu szczeżuj, którymi później karmiono świnie. Na brzegu leżały sterty zielonkawych owalnych skorup. To było w latach siedemdziesiątych. Niektóre łódki cumowały w przybrzeżnych zaroślach, wypełniała je woda. Ich właściciele umarli albo się zestarzeli.

Stuttgart, znowu Stuttgart, znowu dworzec kilka miesięcy później, ale wrażenie, że to Gara de Nord, pozostało, chociaż tym razem jadę trzeźwy jak niemowlę, tym razem nie kupuję w dworcowym sklepie czerwonego wina po dziesięć euro flaszka ani nie wiozę w plecaku jima beama. Beam jest lżejszy, bardziej praktyczny i właściwie smakuje jak trochę mocniejsze wino, ale za szybko odbiera rozum. Więc tym razem na trzeźwo. Nie ma starca rozdającego kartki z kalendarza. Jest sobota i rusza turystyka. Niemcy kochają swój kraj i zwiedzają go w weekendy. Dworzec ma dziesięciopiętrową wieżę z ciosanego kamienia. Wjeżdża się tam windą i podziwia miasto. Oni to robią. Winda kursuje zatłoczona. Czerwone dachy, zieleń, Neckar gdzieś płynie, ale z wieży go nie widać. Pokazują sobie w skupieniu i nazywają: planetarium, park, stare miasto, zamek, Stiftskirche... Na wieży, wysoko, umieścili wielką, srebrną gwiazdę Mercedesa. Na dobrą sprawę całe miasto należy do Merca. Jeśli nie dosłownie, to przynajmniej mentalnie. Tutaj to się zaczyna. Dziesięć, piętnaście lat później kończy na wrakowiskach w Albanii, Turcji albo Czarnogórze. Mercedesy jeżdżą do końca i żyją najdłużej ze wszystkich aut. Większość umiera z dala od ojczyzny: na Krymie, w Anatolii, w Afryce. To był dobry pomysł: zbudować coś, co jeszcze się przydaje, gdy właściwie jest już bezużyteczne. Taka będzie przyszłość. Ktoś będzie odbierał nasze śmieci i jeszcze się cieszył. Spaceruję po pustym peronie i natychmiast zjawia się panna w kolejarskim mundurze, żeby mi wytłumaczyć, że pociąg dzisiaj odjedzie z innego i że przepraszają. Pocieszam ją, że tak naprawdę czekam na esban, którego perony są parę pięter pod ziemią, więc wolę tutaj, na powierzchni, gdzie wszystko przypomina mi Gara de Nord. Żeby ocalić, czasami piję, a czasami porównuję. Wielu rzeczy nie pamiętam i muszę je wymyślać od nowa. Ostatnio kupiłem sobie nawet niemieckiego Pascala. Wracam i czytam, gdzie byłem. Albo wcześniej czytam, gdzie będę, żeby nie tracić czasu na zapamiętywanie, zwiedzanie i tak dalej. Zawsze wolałem czytać o zabytkach, niż je zwiedzać. W zwiedzaniu jest jakiś przymus podziwu, zainteresowania, jakaś obłuda. Czasami ktoś pokazuje mi coś z dumą, a ja czuję się jak oszust, bo kiwam głową, ale nic a nic mnie nie obchodzi jakaś wieża, brama, zamek oraz reszta tych cudów. Lubię skałę Lorelei, naprawdę lubię to miejsce. Dwa razy przepływałem tamtędy statkiem, dziesięć razy przejeżdżałem koleją i wciąż robi na mnie wrażenie. Lubię z pięćdziesiąt miejsc w Niemczech, ale żadnego z nich poza Lorelei nie ma w moim Pascalu. Nie ma na przykład okolic dworca we Frankfurcie nad Menem w niedzielny poranek z zakrwawionymi strzępami papieru toaletowego na chodniku i facetami o ósmej rano w knajpach ze wzrokiem wbitym w zawieszony pod sufitem telewizor. Tak było w albańskiej Sarandzie i tak jest tu. Siedzą i palą w gromadach, w swoich plemionach, siedzą i czekają. Na ulicach stoi blada, skacowana żulia we fryzurach z lat siedemdziesiątych: z przodu krótko, a z tyłu plereza sięgająca ramion. Nigdzie się już tego nie widuje, tylko przy frankfurckim dworcu. Stoją i wyczekują.

Bladzi i blondynowaci. Ci z Bałkanów, z Lewan-
tu, są czarni i noszą zwyczajne fryzury. Lubię te
okolice. Z Lindenstrasse, gdzie czasami sypiam
w gościnnym mieszkaniu Suhrkampa, na dworzec
jest jakieś dziesięć minut. Z eleganckiej, spokojnej
dzielnicy w sam środek emigranckiego babilonu.
Wielcy, tłuści Ruscy stoją z tymi swoimi złotymi
łańcuchami i butami w szpic na pół metra. Sadło
i gorzała. Stoją i patrzą, i wyobrażają sobie, że to
wszystko jest ich. Równie dobrze mogliby mieć
na głowach futrzane kołpaki i jedwabne kapoty
do ziemi. Nic się nie zmieniło. Poranek jest senny
i niemrawy. Burdele śpią, śpią pornokina. Wstali
tylko ci, których kac i ćpuński głód wypędził w poszukiwaniu ratunku. I jeszcze tamci faceci z knaj-
pek, którzy wstają o świcie i zaraz muszą się spotkać, bo nie potrafią bez siebie żyć. Przed samym
dworcem dwóch gliniarzy legitymuje ogolonego
na łyso faceta w skórzanej marynarce. Koleś jest
wielki, masywny i ma słowiańskie rysy. Patrzy nad
głowami glin, patrzy gdzieś w niemiecką pustkę.
Jego twarz wyraża absolutną obojętność. Ale tego
wszystkiego nie ma z żadnym Pascalu ani w *Lonely
Planet*. Nie ma pięćdziesięciu pięciu niemieckich
dworców, na których wsiadałem, czekałem i przesiadałem się. Wszystko zaczęło się w Lipsku siedem

13

albo osiem lat temu w marcu. Wysiadłem z pociągu przed północą i nikt na mnie nie czekał, chociaż powinien. Ktoś z Polski. Przyjechałem z Krakowa, miałem dwadzieścia marek i żadnego adresu, żadnego telefonu. Mimo późnej pory na dworcu pracowały wielkie maszyny, trwała rozbudowa albo remont, koparki, spychacze, kafary, coś takiego. Nikt na mnie nie czekał i stąd zapewne wzięła się moja niemiecka samotność. Spacerowałem do świtu. Oglądałem Lipsk. Wracałem na dworzec i znowu oglądałem. Byłem zmęczony i chwilami wydawało mi się, że całe miasto z czarnym niebem mieści się pod kopułą dworca. Oprócz mnie kręcili się tylko gliniarze i skini. Jedni i drudzy takim samym powolnym patrolowym krokiem. Chciałem być niewidzialny. Wychodziłem. Oglądałem kościół Świętego Tomasza. Rozmyślałem o Janie Sebastianie Bachu. Na szczęście miałem ze sobą zapas papierosów. Oglądałem ratusz. Ulice były puste. Słuchałem odgłosu własnych kroków. Było zimno. Niemcy spały. Powinienem czuć wściekłość, ale czułem tylko zdumienie. Oto byłem w Niemczech. Wszystko tonęło w ciszy i ciemności. Żyli tylko gliniarze i skini. Przypominała mi się wojna i zbombardowane, wyludnione miasta. Na dworcu wszystko było zamknięte. Żadnego jedzenia, żadnej kawy, tylko te dudniące maszyny, reflektory i faceci w kombinezonach, ale o północy oni też zniknęli. Tak, Niemcy były zimne w środku. Chodziłem w kółko. W otchłaniach nocy majaczyły enerdowskie blokowiska. Przez osiem godzin nie wypowiedziałem słowa. Mamrotałem pod nosem. O siódmej otworzyli bufet. Kupiłem kawę i ciastko. Było mi wszystko jedno i mogłem już wracać. Widziałem Niemcy i miałem spokojne sumienie. Spełniłem obowiązek. Każdy człowiek powinien zobaczyć Niemcy chociażby z daleka i w ciemnościach.

Chciałem wracać. Wsiąść bez biletu i nie dać się wyrzucić. Do Polski coś odjeżdżało koło południa. Miałem jeszcze kilka marek, mogłem wypić kawę i zjeść jeszcze jedno ciastko. Ale gdzieś koło ósmej przyjechał pociąg z Polski. Wysiadło z niego dziesięciu pisarzy i przyszli po nich ci, którzy nie przyszli po mnie. Znaczy się ci z Instytutu Polskiego w Lipsku. Jakiś kretyn pomylił się i wysłał mi złe bilety. Poszedłem z nimi, żeby się ogrzać i najeść. To były targi książki. Dziewięćdziesiąty szósty albo siódmy, a może i ósmy. Odbywały się jeszcze w starym miejscu, gdzieś niedaleko rynku.

Chciałem się trochę przespać, ale ci, którzy przyjechali, pisarze, chcieli pić wódkę. Byłem najmłodszy i nie miałem śmiałości odmówić. Nie lubię pić wódki rano z innymi ludźmi, zwłaszcza z pisarzami. Rano lubię pić sam. Zupełnie sam. Hotel stał na jakimś zadupiu. Wozili nas. Ale mało zapamiętałem. Trochę tylko sam koniec. Wielkie przyjęcie w labiryncie piwnic gdzieś blisko rynku. Pod ziemią grało kilka orkiestr. Nigdy w życiu nie widziałem takiej ilości jedzenia. Leżało wszędzie. Na stołach, na podłodze, na krzesłach, w kiblu, na korytarzach, na schodach. Trzeba było uważać, żeby się nie poślizgnąć. Zgubiłem drogę i błądziłem w kółko. Nie chciało mi się już jeść. Mogłem tylko chodzić w kółko i pić. Nie chciało mi się też siedzieć z pisarzami. Patrzyłem na ciemny piwniczny karnawał. Enerde odreagowywało przeszłość. Tak sobie powtarzałem, ponieważ pierwszy raz w życiu widziałem tyle żarcia. To miało coś wspólnego z piekłem. Szło się przez te piwnice i po bokach otwierały się jakieś nisze, boczne nawy, piwniczne kaplice z dębowymi stołami i sklepieniami z czerwonej cegły. I w jednej z nich, przy długim opustoszałym stole, zobaczyłem Henryka Grynberga. Coś jadł. Coś podnosił do ust na widelcu. Powoli i z namysłem. Siedział na końcu stołu pod samą ścianą. Stół miał ze cztery metry długości. Wokół leżało jedzenie. Był absolutnie sam. Wokół kłębiło się lipskie Enerde, a on powoli podnosił coś na widelcu i w głębi tej ceglanej niszy połyskiwały jego okulary. Niemcy wymordowali mu rodzinę. Cudem ocalała matka ocaliła jego. W czasie niemieckiej okupacji Polacy zamordowali mu ojca. Siedział w środku tego teutońsko-enerdowskiego karnawału i patrzył. Patrzył, żeby zapamiętać i zabrać ten obraz ze sobą, nieważne dokąd się wybierze.

To był mój niemiecki początek. Samotność, Enerde, skini, pijaństwo, literatura i Holokaust. Do Niemiec nie można pojechać bezkarnie.

Kiedyś pojechałem do Kilonii. Samolot do Hamburga, potem pociąg. Z dworca wziąłem taksówkę, miałem adres i w ogóle. Taryfiarz był czarny i uśmiechnięty. Wspólnie narzekaliśmy na niemiecką muzykę. „German musik is shit" – tak sobie rozmawialiśmy. Puszczał mi porządne kawałki z Senegalu. Impreza miała się odbyć w jakimś budynku stojącym na skraju parku. Ale drzwi były zamknięte, a na nich jakiś napis. Poszedłem do knajpy obok, zjadłem wiener sznycel i potem w tym parku podłożyłem sobie plecak pod głowę, i zasnąłem wśród zieleni. Zbudził mnie młody

Niemiec. Na początku myślałem, że to policja, więc próbowałem wymknąć się rzeczywistości i nie reagowałem. Dopiero po długiej chwili dotarło do mnie, że ten chłopiec z uporem powtarza moje nazwisko. Okazało się, że cała impra przeniesiona jest o dziesiątki kilometrów dalej, a ten niemiecki anioł stróż ma mnie tam zawieźć. Pojechaliśmy. To był jakiś pałac w ogromnym parku. Jakiś barok w wielkim ogrodzie. Z tym swoim plecaczkiem wylądowałem w gigantycznym apartamencie. Wstawałem z frymuśnego łoża, szedłem w prawo i znajdowałem wielką łazienkę. Potem znowu wstawałem, szedłem w lewo i znowu znajdowałem łazienkę. W jednej był prysznic, w drugiej wanna. Czułem dotknięcie absurdu, myśląc o tym moim plecaczku z dwiema koszulinami, trzema parami skarpetek, zapasem fajek z Polski i jimem beamem z lotniska. I dwudziestometrowym dystansie dzielącym moje dwie łazienki z pozłacanymi kranami. Ale potem, wieczorem, w tym barokowym parku spotkałem Jáchyma Topola i poczucie absurdu nie było już tak dotkliwe.

Dzień później wracałem. Zajechał czarny merc, który miał mnie zawieźć na lotnisko w Hamburgu. Jechaliśmy autostradą jakieś sto sześćdziesiąt – sto osiemdziesiąt i to było przyjemne. Mijaliśmy zjazdy na Lubekę i jak każdy kulturalny człowiek rozmyślałem o Tomaszu Mannie. A potem pojawiła się długa jak nieszczęście kolumna wojskowych ciężarówek i transporterów opancerzonych. Wyprzedzaliśmy i wyprzedzaliśmy. Kierowca powątpiewał w sens tego militarnego przejazdu. Pocieszałem go: „Spokojnie, jadą do Polski". Ale nie załapał i zamilknął. Gdy stanęliśmy już na lotnisku, otworzył bagażnik i wyjął termos i kubki na kawę.

Ten hamburski epizod, ten ludzki gest, że niezależnie od wszystkiego można napić się kawy, przypomina mi Drezno. Poznałem tam Axela i jego przyjaciół. Zajmowali skłot z widokiem na Łabę. To była piękna, zrujnowana willa z tarasem. Piliśmy długo w noc w mieszanym węgiersko-niemiecko-
-czeskim towarzystwie. Zapamiętałem ogromne, słabo oświetlone wnętrza, stiuki, półmrok, zielonkawą podłogę w łazience i złote światła miasta odbijające się w rzece. Nad ranem jakoś trafiłem do hotelu. Zdaje się, że Axel zamówił taksówkę. A potem, po paru godzinach snu, żegnał mnie na drezdeńskim dworcu za pomocą termosu z gorącą kawą.

Dokąd pojechałem z Drezna? Do Lipska? Do Cottbus? Do Chemnitz? Do Dessau? W głąb NRD z pustymi zrujnowanymi stacyjkami, gdzie na peronach porośniętych trawą stoją samotni Murzyni w białych sportowych butach. Jakby przyszli z głębi pól, z sennych wyludnionych wiosek. Stoją i czekają na powolne pociągi osobowe. Nie pamiętam. W każdym razie jechałem, żeby po południu odnaleźć hotel, wziąć prysznic, ogolić się, przebrać i popijając jima beama, doczekać wieczoru i spotkania z niemiecką publicznością. Moja sytuacja nie różniła się aż tak bardzo od sytuacji tych samotnych Murzynów na zapomnianych stacyjkach. Miałem białą skórę, ale czarną duszę. Jeśli chcesz przeżyć prawdziwą samotność, powinieneś pojechać do Niemiec. Powinieneś piętnaście razy pokonać koleją drogę między Frankfurtem a Kolonią i zbudzić się w środku nocy w Hamm na siódmym piętrze hotelu z kontuarami i poręczami obitymi złotą blachą. I w środku nocy patrzeć w ciemność, i tam, w jej głębi, dostrzec światła dwóch wielkich wież kościelnych, które rankiem okażą się jakimiś przemysłowymi konstrukcjami. I trzeba być w Krefeld i w Hagen, i w Duisburgu, by dopiero dworzec w Stuttgarcie przyniósł ukojenie, przywołując wspomnienie Gara de Nord.

Pamiętam coraz więcej zdarzeń, z którymi nie bardzo wiem, co zrobić. Nie mogę znaleźć dla nich miejsca. Muszą mieć jakiś sens, lecz nie potrafię go odgadnąć. Skąd i dokąd jadę na tylnym siedzeniu dość wiekowego auta, a z przodu siedzi para przypominająca woskowe figury z muzeum lat siedemdziesiątych? Oboje palą skręty, oboje mają tak samo długie włosy i tak samo schrypnięte głosy, a z głośników leci Iron Butterfly. Skąd i dokąd? W każdym razie jest to raczej północ, bo za oknem widzę zielony, płaski pejzaż i czarno-białe krowy. Przechowuję to wszystko w pamięci i składam z tych obrazów Niemcy.

Na Schönefeld spędziłem kiedyś trzy godziny. Czekałem na pociąg do Weimaru. Dwaj mężczyźni w emerytalnym wieku fotografowali przejeżdżające pociągi. Mieli po kilka aparatów, notatniki i lornetki. Stali na końcu peronu i celowali obiektywami w stronę pędzących pociągów. Coś zapisywali. Nie musieli już pracować. Korzystali z wolności. Nie marnowali reszty czasu, który im pozostał. Ja miałem trzy godziny. Po prostu siedziałem i patrzyłem na wszystko. Jak ci starzy chłopi z Polski, z Węgier albo Rumunii. Gdy przestają pracować, gdy już mogą w życiu odpocząć, siadają na ławeczkach przed domami i patrzą. Patrzą na świat jak na film. Siedzą nieruchomo z rękami na kolanach i tylko czasem poruszają powiekami albo sięgają po papierosa. Dopóki nie zapadnie mrok. W Niemczech stosuję tę samą strategię. Zakładam nogę na nogę i po prostu patrzę. Pozwalam, by obrazy wchodziły we mnie i staram się nie myśleć. W końcu przyjechał mój pociąg. Zaczęły się zagajniki, laski, łąki, czasami jakaś hippika, stajnie, konie, ale skromnie i rzeczywiście bardziej enerdowsko niż na przykład pod Hamburgiem. Było płasko, na żółtawych marcowych łąkach czerniły się kretowiska, a w oddali stały samotne, próchniejące myśliwskie ambony. O zachodzie słońca mijałem Halle. Niebo wypogodziło się. Było świetliste i złote. I w tym świetle zachodu oglądałem petrochemiczny industrial, zbiorniki, kolumny rektyfikacyjne, połyskliwy, srebrny metal, pióropusze czerwonych płomieni nad wysokimi kominami, a potem białe skrzydła prądotwórczych wiatraków. Wszystko w tym świetle wyglądało nieludzko, wyraziście i pięknie. Ale zaraz potem zaczęły się ogródki działkowe. Slumsy robotniczej rekreacji, budy z dykty, szałasy z kominami, cygańskie osady ludu pracującego butwiejące i martwe po zimie, ledwo wystające z podmokłych nizin. I cały czas to rozpalone złotoczerwone niebo, które spopielało wszystkie kształty i zamieniało Saksonię-Anhalt w czarne pogorzelisko.

Następnego dnia wracałem. Jadłem śniadanie w hotelu i przypominałem sobie słowa mojej niemieckiej znajomej z okolic Frankfurtu nad Menem. Byliśmy wtedy w Boltenhagen. Jedliśmy smażone ryby, popijaliśmy piwo, spacerowaliśmy wzdłuż nadmorskich urwisk. Sezon miał się zacząć za dwa-trzy miesiące, ale kurort już działał na pół gwizdka. Starzy, wierni klienci korzystali z umiarkowanych cen. Któregoś dnia moja znajoma, patrząc na nich znad smażonej flądry, powiedziała półgłosem i jakby do siebie: „Oni tutaj nawet twarze mają inne...". Dawna granica z RFN, przebiegająca jakieś trzydzieści kilometrów na zachód, została wymazana z mapy, ale oni wciąż byli enerdowscy. W nowych volkswagenach, w supersportowych strojach, na najnowocześniejszych rowerach z duraluminium i tytanu oraz z super sprzętem fotovideo ruszali się i gestykulowali jak reszta rodaków, ale byli rozpoznawalni na pierwszy rzut oka. Nawet dla mnie. I teraz, siedząc o ósmej rano na śniadaniu w hotelu Amalienhof, a może jakimś innym, bo kto to spamięta, widziałem to samo. Przy sąsiednich stolikach siedziały wyfiokowane paniusie w ciężkiej podrabianej biżuterii. Miały blond ondulacje z odrostami i piły kawę, odginając mały palec z pierścieniem. Towarzyszyli im milczący faceci o zniszczonych twarzach. Starzy inżynierowie, weterani wielkich budów komunizmu. Niektórzy byli ubrani w spodnie od dresu, białe skarpetki i mokasyny. Ten Weimar wyglądał jak mój kraj gdzieś w okolicach Gorlic i Przemyśla. Tylko śniadanie było obfitsze, kawa mocniejsza i kelnerka uśmiechała się bez wyraźnego wysiłku.

A potem omal nie spóźniłem się na pociąg, bo uparłem się, że pójdę pieszo, że chociaż trochę przy okazji pozwiedzam. Weimar o ósmej rano był piękny i pusty. Ostre światło poranka podwajało miasto. Cienie stały się wyrazistsze od własnych desygnatów. Jakiś germański Giorgio de Chirico się zrobił. Źle obliczyłem odległość. Nie było kogo spytać. Kompletna pustka. Zdążyłem w ostatniej chwili. W Naumburgu wsiedli ludzie jak z prawdziwego Wschodu. Ni to z miasta, ni ze wsi, zniszczone zęby, chustki na głowach, stare, otyłe małżeństwa szukające chyłkiem miejsca, nieśmiałość i spłoszone spojrzenia, bo pociąg, jego wysprzątane, klimatyzowane wagony, przyjechał z jakiegoś lepszego świata.

W Rosslau na kolejowym pustkowiu stała wieża. Mur łuszczył się, osypywał. Trawiła go starość, wilgoć i zaniedbanie. Ale zegar na wieży chodził. Czarne wskazówki biegły wokół białej tarczy.

Nie pamiętam, o czym rozmawialiśmy w Weimarze. Wypiłem tego wieczoru tylko dwa piwa, ale nie pamiętam. Nie pamiętam twarzy. Na kolację jadłem mięso. Dużo mięsa w porządnej niemieckiej knajpie. Organizatorzy najczęściej zapraszają cię po tych wszystkich występach do włoskiej knajpy. Nic, tylko do Włocha. I najlepiej żeby był głośny, zatłoczony, modny i w jakimś przegiętym dizajnie. Bez dwóch zdań – mają kompleks. Lepsze życie jest w słonecznej Italii. A ja lubię niemieckie knajpy i jak jestem czujny, to domagam się niemieckiego żarcia i wystroju. Lubię, jak przychodzą starzy, grubi ludzie, małżeństwa obżartuchów, i lubię patrzeć, jak jedzą. Zwłaszcza na południu, w Bawarii, w Szwabii. Lubię, jak jest normalnie. Włoska knajpa w Niemczech to jest udawanie. Małe porcje i dużo szumu. W niemieckiej nikt niczego nie udaje. Kiedyś w Wiesbaden byłem w jednym lokalu prowadzonym przez Bawarczyka. Byłem z kolegą, który dobrze znał właściciela. Dawno się nie widzieli i zaczęli sobie opowiadać o tym, co im się ostatnio przydarzyło. Pokazywali sobie blizny po operacjach. Przy stoliku podciągali koszule i pokazywali cięcia, szwy, i chwalili się, co tam któremu ostatnio chirurg wyciął. We włoskich knajpach w Niemczech takie rzeczy się nie zdarzają. Ani we francuskich. Mogą zdarzać się w bałkańskich. W czeskich pewnie też.

W każdym razie wtedy w Weimarze wypiłem tylko dwa piwa. Dwa miesiące później w Offenburgu też chyba tylko dwa na przyjęciu i trzecie w hotelu przed snem. To trzecie wypiłem z czystej ciekawości, bo w hotelowych instrukcjach, co to leżą w każdym pokoju, znalazłem informację, że nocny bar znajduje się w garażu. No więc zszedłem tam o północy i natknąłem się na wielką żelazną szafę z szufladami. Wrzucało się euro albo dwa i wyciągało szufladę, a na jej dnie leżała flaszka. Spałem w sześćdziesięciu niemieckich hotelach, ale coś takiego widziałem pierwszy raz. W Sonnehotel. Wziąłem swoją flaszkę i na palcach wróciłem do pokoju. Chyba nawet jej nie dokończyłem.

Zazwyczaj jest inaczej. Zazwyczaj piję. Byłem pijany w wielu niemieckich miastach i w niemieckich wsiach. Byłem pijany w Berlinie, w Hamburgu, w Monachium, we Frankfurcie nad Menem, w Dreźnie, w Lipsku, w Norymberdze, w Kolonii, w Bonn, w Aachen, w Düsseldorfie, w Heidelbergu, w Koblencji, w Moguncji, w Bremie oraz w Wilhelmshaven albo Bremerhaven, w Kassel i w Getyndze – żeby wyliczyć tylko większe miasta. Trzeźwy byłem w Hanowerze, w Magdeburgu i prawdopodobnie w Darmstadt. Nie mogę sobie przypomnieć, gdzie pijany byłem najbardziej. Prawdopodobnie w Berlinie albo w Hamburgu. To moje ulubione miasta. Dość dokładnie zburzone i potem odbudowane. Dlatego mają tak bezpretensjonalną atmosferę. Dlatego wydaje mi się, że można tam wypić każdą ilość i nic się nie stanie. Kosmopolityczny karnawał. Nie da się na trzeźwo pojechać z Polski do Niemiec. Nie oszukujmy się. To jednak jest trauma. W równym stopniu dotyka specjalistów od uprawy szparagów i pisarzy. Nie da się do Niemiec pojechać na luzie. Jak do, powiedzmy, Monako, Portugalii albo na Węgry. Jazda do Niemiec to jest psychoanaliza.

No więc mam za sobą sześćdziesiąt niemieckich hoteli, sześćdziesiąt niemieckich miast, sześćdziesiąt dworców i siedem niemieckich lotnisk. Trzy razy płynąłem Renem i raz przeprawiłem się łódką przez Dunaj. To było w Ulm. Zdaje się, że więcej czasu spędziłem w podróży, w ruchu, niż w miejscu. Więcej w pociągach niż, powiedzmy, w miastach. Nigdzie dłużej niż dwa dni. Najczęściej jeden i dalej, jedno popołudnie z tym pospiesznym prysznicem, goleniem, popijaniem jima beama, krótką drzemką, spotkaniem, kolacją we włoskiej knajpie, snem, śniadaniem i dworcem. Jestem wędrownym gastarbajterem. Zabawiam publiczność i rano wlokę się na dworzec. Jestem komiwojażerem. Samolot, pociąg, hotel. Czasami na kacu nie mam ochoty na śniadanie. Piję kawę dopiero w pociągu, jem kanapkę. Jestem twardy i otwieram jima beama dopiero o pierwszej-drugiej po południu. Na przykład wracając z Tybingi. Jadąc do Getyngi. Przesiadając się we Frankfurcie. Umierając ze strachu w Hamm. Robię to wszystko dla pieniędzy. Na Gara de Nord nie ma kasy. Nikt mnie tam nie zaprasza. Więc jadę do Kassel. Jadę do Konstancji. Pojadę nawet do Cottbus. Żeby wspominać Bukareszt. Żeby wspominać Tiranę. Żeby wspominać rodzinną wieś mojego ojca. Żeby wspominać siebie z dawnych lat, gdy za cały obraz Niemiec wystarczyły mi wojenne filmy radzieckiej i polskiej produkcji. We wczesnych latach osiemdziesiątych pojechałem autostopem do Słubic i patrzyłem na drugą stronę Odry, na Frankfurt. Nie było tam nic ciekawego. Lekka groza NRD i tyle. Komunizm pożeniony z niemieckością – wysoce niepokojąca hybryda. Był zachód, niebo czerwieniało i dymiły kominy. Czerwień komunizmu i czarny dym krematoriów. Takie miałem myśli, a raczej przeczucia. Ledwo tam dojechałem, a już zacząłem wracać. Jakiś czas potem słuchałem Niny Hagen. Koledzy wyjeżdżali na gastarbeit do Berlina Zachodniego, do Düsseldorfu, gdziekolwiek. Przysyłali ukryte w paczkach albo listach działki LSD. Niektórzy grali w knajpach lub na ulicach. Przysyłali porządne struny do gitar. Zostawali bezrobotnymi i żyli z zasiłku. Nie słyszałem, by przyjaźnili się z Niemcami. Niemcy nie nadawali się do przyjaźni. Brali niemieckie zasiłki, ale w ich opowieściach nie pojawiali się Niemcy jako ludzie. Co najwyżej jako pracodawcy, policjanci albo urzędnicy. I z tych opowieści wynikało, że Niemcy byłyby znacznie przyjemniejszym krajem, gdyby nie było w nim Niemców. Gdyby pozostali sami gastarbeiterzy i emigranci. Niemcy powinni dokądś wyjechać i przysyłać kasę. Moi koledzy z podziwem mówili o cywilizacyjnej sprawności, o jakości życia, ale nie wynikało z tego, że ta sprawność i jakość są dziełem jakichś ludzi, czyli po prostu Niemców. Czasami miałem wrażenie, że oni jeżdżą do jakiegoś przyjemnego i wygodnego kraju, który jest nieco opustoszały i w którym nie żyje nikt poza moimi kolegami. Co najwyżej jacyś Rosjanie albo Czesi.

Ale sam nigdy nie chciałem pojechać. Zrobiłem to dopiero kilkanaście lat później. Przyjechałem koło północy do Lipska. Żeby popatrzeć na postenerdowskich skinów. Musiałem dorosnąć, żeby wyjść z tego cało. Musiałem nabrać dystansu do sowieckiego i polskiego kina wojennego. Musiałem zrezygnować z dzieciństwa. Musiałem wyrzec się tych pięknych zaklęć: „Hände hoch, raus, polnische Schweine", którymi posługiwaliśmy się na podwórkach w wieku lat siedmiu, przyswajając sobie podstawy niemieckiego. Byłem jednak dzielny i udało się. Pozbyłem się pewnych odruchów. Gdy widzę Niemca w podeszłym wieku, to widzę po prostu starego człowieka, a nie członka tej czy innej formacji wojskowej. Teraz pomagam im wkładać walizki na półki w pociągach. Przytrzymuję drzwi, gdy widzę, że drepczą, żeby zdążyć. Uśmiecham się w windach. Od jakiegoś czasu przestało mnie zajmować, czy byli w Wehrmachcie, czy w SS, czy może w Luftwaffe. Zapewne gdzieś byli. Pan Bóg dał im wystarczająco dużo czasu, by mogli o tym rozmyślać. Pomagam im wkładać walizki na wysokie półki w szybkich pociągach. Gdy wysiadają, też czasem pomagam im z bagażami. Uśmiecham się. Gdzieś między Wuppertalem a Kolonią pomagałem staruszce odczytać numery przedziału i miejsc. Potem tradycyjnie wtaszczyłem jej walizkę na wysoką półkę. Zainteresowana moim szczątkowym niemieckim zaczęła mnie wypytywać, skąd jestem. Zrobiliśmy z tego zgadywankę. Wymieniła prawie wszystkie europejskie kraje, od Francji poczynając i na Grecji kończąc, myśląc już zapewne z niepokojem o Turcji. Jak automat odpowiadałem „Nein". W końcu doszliśmy do Jugosławii, a ja wciąż kręciłem głową. Została nam chyba tylko Albania i Polska. Wstrzymałem oddech... „Polen?...". „Yes, my darling, Polen, naturalnie". Spojrzała na mnie rozczarowana i straciła zainteresowanie. Na szczęście zaraz była Kolonia, kolońska skyline, katedra i dworzec. Właśnie pod katedrą którejś nocy widziałem największego szczura w życiu. Po prostu siedziałem w środku nocy na ławce, a on niespiesznie przeszedł mi między nogami. Siedziałem pod katedrą, bo nie chciało mi się wracać do pokoju w hotelu. Gdzieś na wysokości okien biegły tory kolejowe i nie było nawet telewizora, o minibarze nie wspominając. Ale dwa albo trzy lata później mieszkałem w Kolonii w apartamencie. To były chyba ze dwa wielkie pokoje, kuchnia i łazienka wielkości kawalerki. I bar inclusive. Był jeszcze taras z widokiem na katedrę. Na poręczach tarasu siedziały sztuczne czarne kruki z plastiku. W apartamencie stały dwa wielkie łóżka i żeby nic nie stracić, pół nocy spałem w jednym, a pół w drugim.

Ale wtedy ta staruszka wysiadła w Kolonii, a ja jechałem dalej. Prawdopodobnie do Frankfurtu.

Za Bonn brzegi Renu zaczęły się wypiętrzać. Była jesień, chyba początek listopada. Złote światło wypełniało dolinę rzeki, ciepły blask spływał jak patoka z urwisk porośniętych winoroślą. Saint Goar, Lorelei, zamki na skalnych urwiskach, kraina niczym ilustracja z książek dzieciństwa. Po prostu kicz w łaskawym blasku późnej jesieni. Dziesiąty raz jechałem tą trasą. A może piętnasty. Znowu mijałem Bingen, błotnisty plac parkingowy, i rozmyślałem o legendzie Hildegardy. Zaraz potem zaczynały się ogródki działkowe, które wcześniej nierozerwalnie kojarzyły mi się z komunizmem. Te biedadomki, biedaaltanki, ogrody i parki na czterdziestu metrach kwadratowych dwa kroki od kolejowych torów z pociągami jadącymi dwieście na godzinę. W każdym razie dziesiąty albo piętnasty raz jechałem tą trasą, by jak zwykle wysiąść na Hauptbahnhof we Frankfurcie. Przy automacie telefonicznym stał śniady koleś. Z kieszeni dżinsów wystawały mu pliki banknotów. Rozmawiał i kiwał się. Z tylnych kieszeni wystawały mu pliki pięćdziesięcioeurówek, z przednich zwitki dwudziestek. Miał tego setki, albo nawet tysiące i kompletnie się nie przejmował. Przy głównym wejściu ogromna blondyna krzyczała na czarnego faceta. Była od niego wyższa o głowę. Prawdziwa Walkiria. Facet mrużył oczy i czekał, aż ucichnie. Wyszedłem z dworca. Znowu widziałem czerwoną reklamę koncernu KIA. Ruszyłem w stronę Westendu. W stronę Lindenstrasse. Jeśli to była jesień, to pod nogami szeleściły liście kasztanowców. Otworzyłem wejściowe drzwi, wspiąłem się na trzecie piętro i wszedłem do gościnnego mieszkania mojego wydawnictwa. Zawsze dobrze się w nim czułem. Zawsze zastawałem pełną lodówkę: ser, mięso i wino, i nikt mnie nie niepokoił. W tym mieszkaniu wszystko było szare. Podłoga, sprzęty i tak dalej. Wszystko w łagodnie stalowym kolorze. Pełna anonimowość. Okna wychodziły na ulicę, ale było cicho. Na wyciągnięcie ręki rosły wysokie drzewa. Mogłem smażyć sobie jajecznicę, popijać czerwone albo białe i wsłuchiwać się w odgłosy za oknem. Nasłuchiwać odrzutowców i monotonnego odgłosu wielopasmowych tras oplatających miasto. Kiedyś w nocy wyszedłem na spacer i widziałem, jak wielka ciężarówka na bukareszteńskich numerach próbowała wyplątać się z sieci spokojnych ulic gdzieś w okolicy Mendelssohnstrasse. Ja też czułem się jak zbłąkany rumuński kierowca. Ale lubiłem tam być, w tym mieszkaniu. Odzyskiwałem siły. Nie musiałem nic do nikogo mówić. Jadłem jajecznicę, robiłem pranie, popijałem i wsłuchiwałem się w pomruk miasta. W szarej szafie była nawet deska do prasowania i żelazko. Siadałem przy stole w pokoju, zapalałem lampę i wyobrażałem sobie, że muszę napisać książkę o Niemczech, bo jeśli tego nie zrobię, to pozostanę tu na wieki. Będę jadł jajecznicę, nasłuchiwał, popijał czerwone albo białe i gdy w nocy zabraknie mi pieczywa albo kawy, albo alkoholu, będę szedł na dworzec po zakupy. Wyobrażałem sobie, że siedzę naprzeciwko okna i piszę. Spisuję wszystko, co zapamiętałem. Dzień po dniu, miasto po mieście, hotel po hotelu, literaturhaus po literaturhausie, księgarnia po księgarni, knajpa po knajpie. Samolot po samolocie i pociąg po pociągu. W każdym razie tylko tam w Niemczech miałem czas, żeby o wszystkim pomyśleć. Cztery albo pięć dni. Potem znowu pakowałem plecak, wkładałem klucze do koperty, wrzucałem do skrzynki i ruszałem dalej. Do Regensburga, do Heilbronn, do Kilonii, do wszystkich diabłów.

Ja też, jak się zdaje, niewiele piszę o Niemcach. Całkiem jak moi koledzy sprzed dwudziestu lat. Nie piszę, ale ich obserwuję. Nie mogę oderwać od nich wzroku. Podczas tych wszystkich podróży widziałem setki, tysiące, dziesiątki tysięcy Niemców. To pozostawia ślad. Tak jak na zawsze pozostawił ślad ten samotny starzec z dworca w Stuttgarcie:

„Zatrzymaj się teraz, bym ci oznajmił słowo Boże".
Albo ta trójka, która wsiadła do zatłoczonego
niedzielnego pociągu w Karlsruhe: wszyscy po
pięćdziesiątce, wszyscy spuchnięci od alkoholu
i śmierdzący. Dwóch mężczyzn i jedna kobieta.
Ona wyglądała najgorzej. Miała twarz debilki
i kompletnie pusty wzrok. Usiedli naprzeciwko.
Patrzyłem w jej oczy i widziałem nicość, ścianę
wagonu za jej plecami i pejzaż za ścianą. Na szyi
miała plastik z legitymacją inwalidzką. Młodzież
grzecznie ustąpiła jej miejsca. Jeden z kolesi je-
chał jako jej opiekun i konduktor nie chciał od
niego biletu. Drugi sobie kupił. Obaj byli brodaci,
długowłosi i cuchnęli tak samo jak nasi. Siedzieli
nieruchomo jak Indianie na starych filmach. Ubło-
cona dzieciarnia z plecakami wracała do domów.
Przesiąknięci byli wonią ogniska. I ten zapach
mieszał się ze smrodem tamtych. Nie zapamiętałem żadnego z tych szczeniaków, ale twarz tej
kobiety i jej opiekuna pamiętam do dzisiaj. Ona
przypominała mi wariatkę z sąsiedniej wsi, a on
nieżyjącego już polskiego aktora grającego rolę
zbójnika w serialu. Też jechali do Stuttgartu.

Tak więc mógłbym opisywać i opisywać. Pół
roku wcześniej, jesienią, obudziłem się w hotelu w Bonn i z okna widziałem Ren. Był mglisty

sobotni poranek. Słońce wstawało dopiero nad wzgórzami drugiego brzegu i rozświetlało złocistą mgłę. Nie miałem kaca, więc zszedłem na śniadanie do restauracji. Mimo wczesnej pory siedziało tam już sporo gości. Piłem kawę, jadłem parówki z musztardą i patrzyłem na nich. To byli głównie starsi ludzie – pary, małżeństwa. Kończyli posiłek i wychodzili na taras restauracji, który otwierał się na rzekę. Więc oni wychodzili, stawali twarzą do słońca i trzymając się za ręce, po prostu patrzyli w głąb tego mglistozłocistego dnia. Patrzyli bez słowa w głąb swojego kraju. Było w tym coś pogańskiego i poruszającego. Starzy ludzie, trzymając się za rękę, patrzyli na światło w stanie niemal czystym. Jak dzieci zafascynowane narodzinami dnia.

Zjadłem swoje parówki i poszedłem na górę, żeby się spakować, bo jak zwykle wyjeżdżałem. Od rzeki dobiegało dudnienie diesli zmagających się z prądem. Przy nabrzeżu cumowały: Wappen von Bonn, Beethoven i Moby Dick. Chodnikiem biegła Chinka w czarnym dresie. Poznałem z daleka, że to Chinka, bo światło na jej twarzy odbijało się zupełnie inaczej niż na twarzy białej kobiety. Spakowałem się i przez park poszedłem jak zwykle na dworzec, żeby po raz dwudziesty pojechać doliną Renu w stronę Kolonii albo Frankfurtu. Ale jeśli to była jesień sprzed roku, to jednak do Frankfurtu. Żeby znowu pięćdziesiąt kilometrów przed miastem oglądać na bezchmurnym niebie białe smugi kompensacyjne samolotów schodzących do lądowania. Zawsze lubiłem patrzeć, jak zbiegają się promieniście nad miastem, nad lotniskiem, i wyznaczają coś w rodzaju jeszcze jednego centrum świata, coś w rodzaju jeszcze jednej fikcji. Teraz próbuję sobie przypomnieć, czy Frankfurt Flughafen był pierwszym lotniskiem w życiu, na jakim lądowałem, bo startowałem raczej z ojczyzny. Chyba tak. Prawdopodobnie umierałem ze strachu. Mniej więcej tak jak statystyczny Niemiec umiera, jadąc do Polski swoim własnym drogim autem. Nad statystycznym Niemcem miałem tę przewagę, że jeszcze w kraju kupiłem sobie butelkę jima beama. I zdaje się, że wytrzymałem nawet ten pociąg bez maszynisty, który kursuje między terminalami, chociaż to było tak, jakbym zobaczył jeźdźca bez głowy.

Jednak powoli się przyzwyczajam i właściwie lubię lotniska. Przypominają mieszkanie przy Lindenstrasse. Też są uspokajająco szare. Czasami jest prawie pusto i można iść pół kilometra, odczytując numery kolejnych wyjść. Na odlot do Skopje czeka siedem osób. Następne stanowiska są martwe. Komputery śpią. Pali się zapomniany napis „Kiszyniów". Między fotelami walają się papierowe kubki po kawie i gazety. Nostalgia lotnisk dorównuje melancholii dworców kolejowych. Tak jest w Monachium, tak jest wszędzie, gdzie tylko są te długie, bezludne hale. I najlepiej, żeby jeszcze padał deszcz. Żeby w mokrym asfalcie odbijały się sylwetki samolotów nieznanych linii.

Tak, melancholia i nostalgia to jedyny sposób, żeby w Niemczech nie zwariować. Tylko tak można zneutralizować psychicznie ten kraj. Próbuję sobie wyobrazić płaczącego Niemca i zaczynam chichotać. Nawet płaczącej Niemki nie potrafię sobie wyobrazić. Co najwyżej jakąś emigrantkę z niemieckim paszportem. Tak, świat wyglądałby trochę lepiej, gdyby człowiek mógł sobie wyobrazić płaczącego Niemca. Niestety. Zostają niemieckie dzieci, niemieckie niemowlęta. Trzymana na uwięzi melancholia i alkohol w rozsądnych dawkach – tylko tak można przetrwać literacką trasę z Monachium do Hamburga. Patrzeć na zakłady Mercedesa i połykać łzy. Wsiadać do srebrnego cygara ICE i mieć w sercu jesień. Spacerować po stadionie olimpijskim w Berlinie i nucić cygańską melodię z Siedmiogrodu. Broń Boże nie poddać się ogólnemu nastrojowi na ulicach, placach i w środkach komunikacji. Patrzeć w oczy siedemdziesięcioletniemu obywatelowi w złotych okularach siedzącemu naprzeciwko w przedziale i pociągać z butelki wschodnioeuropejskiej długości łyk jima beama. Najczęściej to obywatel odwraca wzrok, ponieważ boi się, że zostanie poczęstowany. To są proste rady, ale mogą się przydać, gdy ktoś wyjeżdża na tydzień-dwa.

Kiedyś byłem w Niemczech samochodem, ale tylko w Lipsku, więc to się nie do końca liczy. Powinienem to robić częściej, bo lubię nudę autostrad. Lubię, jak geografia zamienia się w czystą abstrakcję. Lewym pasem grzeją merce, beemki i porszaki. Inne fury w ogóle się tam nie pchają. Takie są zasady i każdy zna swoje miejsce. Kolesie w kabrioletach mają czarne okulary, białe spodnie i złotą biżuterię. Przypominają Czarnogórców. Może nawet są Czarnogórcami? Kto to może wiedzieć na berlińskiej obwodnicy? Tak, trochę mi brakuje samochodowej jazdy po Niemczech. Nie można dobrze poznać kraju, nie poznając jego automobilistów. Pociąg i samolot to nie wszystko. Zdaje się, że do tej pory widziałem więcej parkujących niż jeżdżących niemieckich aut. Z samolotu czasami widać trochę ruchu, czasami trochę widać z pociągu, ale to nie to samo jak wtedy, gdy możesz się przyjrzeć przez szybę wyprzedzającemu albo wyprzedzanemu. No więc powinienem, ale jak już wspomniałem, dość często przebywam tam pod wpływem alkoholu i na dodatek jeszcze mam problemy z parkowaniem w mieście. Już widzę, jak po pijanemu szukam miejsca gdzieś w centrum Berlina i próbuję się wcisnąć swoim brudnym japońskim rzęchem między mercedesa za sto tysięcy euro i beemę za sto pięćdziesiąt.

Jednak z tego, co widziałem, wynika, że oni mimo wszystko prowadzą strasznie poważnie. Nie ma w tym radości. Jak ktoś prowadzi BMW, to prowadzi BMW i nie ma przebacz. Jak ktoś prowadzi nowego merca, to kompletnie nie ma porównania z tym, jak ktoś prowadzi używanego. To widać i czuć. Myślę, że niemiecka motoryzacja to jednak coś w rodzaju nowego Almanachu Gotajskiego. Mój kolega Niemiec posiada stary zardzewiały francuski samochód, ponieważ taki ma kaprys. Mieszka w porządnej dzielnicy, sam jest dość porządny, ale żaden z porządnych sąsiadów mu się nie kłania. On, jako posiadacz francuskiego auta z wgniecionymi drzwiami, musi ukłonić się pierwszy. Wtedy ewentualnie się odkłaniają. Ale też nie zawsze. Dorastające dzieci mojego kolegi proszą go na kolanach, żeby nie przyjeżdżał po nie do szkoły tą trupiarnią. „Tato, przecież nie jesteśmy Turkami ani Polakami", tak go błagają, klękają i składają dłonie. I żeby to wszystko zgłębić, powinienem kiedyś wytrzeźwieć i pojechać do Niemiec autem. Ach, wślizgnąć się w hiperrealną sieć autostrad, zaplątać się w nadprzyrodzone trajektorie rozjazdów, estakad i obwodnic. Jechać i stawać tylko po to, by zatankować. Tak, być jak Jack Kerouac Bundesrepubliki, być jak Dean Moriarty Szlezwika-Holsztynu i Saksonii-Anhalt. Nareszcie dojechać tam, gdzie nie dojeżdżają srebrne ICE i nie lądują samoloty. Porzucać sześciopasmówki, w celu zagłębienia się w bukoliczny pejzaż Meklemburgii albo wysokogórski krajobraz Bawarii, i znowu powracać na autobahny, by grzmocić sto pięćdziesiąt i patrzeć, jak czerwona wskazówka od paliwa nieubłaganie zbliża się do „Empty". Tak kiedyś zrobię. Przyjadę autem i będę jeździł w kółko, nie zajeżdżając do żadnego miasta, będę tylko odczytywał drogowskazy: Berlin, Monachium, Frankfurt, Hamburg, i będę grzał dalej. W nieskończoność i nicość, póki nie rozleci się silnik i póki nie zardzewieje na amen karoseria, i póki nie umrę z bezsenności. I wtedy zatrzymam się na Lindenstrasse, i jako trup wejdę na drugie piętro, by to wszystko opisać.

Bo Niemcy to jednak życie w drodze i nigdy nigdzie dłużej niż dwa dni w jednym miejscu. Lunapark. Roller coaster. Wciąż jakieś automatycznie rozsuwane drzwi. Wciąż dyskretny pneumatyczny odgłos. Na dworcu, w pociągu, w autobusie, wciąż przesiadki i odliczanie minut na białych kolejowych zegarach albo oczekiwanie, aż na wielkiej czarnej tablicy „Departures" obok twojego lotu do wszystkich pisarskich diabłów zapalą się zielone lampki. Tak było ostatnio we Frankfurcie, gdy wracałem do domu. Wyjście B52 zrobili w kazamatach, na samym dole, i tam czekało się na Kraków. Obok Rumuni czekali na swój Kluż. W takiej samej piwnicy. Miałem dwie godziny i nie dałem się tam zamknąć. Poszedłem na górę. Frankfurckie lotnisko jest okej. Prawdziwy Babilon. Słychać szmer przemieszczającego się tłumu i co sekundę-dwie odzywa się pipczenie elektronicznych czytników. Co sekundę-dwie ktoś coś kupuje w tych wielkich, otwartych na wszystkie strony duty-free shopach. Co sekundę-dwie Japończyk kupuje butelkę wina za pięćdziesiąt euro, południowy Koreańczyk torebkę dla żony za dwa tysiące, a Chińczycy zielonego walkera bodajże za trzydzieści parę. Tak, co sekundę ktoś coś kupował, pakował do toreb i biegł do swojego jumbo albo airbusa do Tokio, Tian-Men albo innego Kapsztadu. Do Bombaju, do Dubaju, do Terra Fuego, wszędzie, i tylko na Antarktydę nic nie leciało tego dnia. Co sekundę pipczenie, torba z plastiku i bieg, żeby zdążyć, kręcąc po drodze kamerą i pstrykając telefonem dokumentację międzykontynentalnych przygód. I te samoloty: gigantyczne, z delfinimi łbami, z wielkimi napisami na kadłubach w tureckim, chińskim, w sanskrycie, po eskimosku, kameruńsku i papuasku, ociężale kołowały w stronę pasów startowych jak obżarte bydlęta z blaskiem ostatnich promieni słońca na krągłych grzbietach, jakby wracały z jakichś high-tech pastwisk. I potem z rykiem wznosiły się w powietrze, by przepaść w niebie i wylądować w stronach, gdzie pije się wina z duty-free shopów i ogląda tysiące cyfrowych fotografii przedstawiających wnętrza terminali Frankfurt Flughafen. Takie miałem piękne refleksje. Dwie godziny przerwy. Dwa lata temu rzuciłem palenie, więc zostawała tylko obserwacja. Tego dnia nie mogłem się też napić jima beama, ponieważ wieczorem miałem prowadzić. Wypatrywałem Ruskich i Chińczyków. Nasłuchiwałem Polaków. Jednemu plątały się nogi i mówił do siebie w alkoholowej ekstazie: „Ale się nawaliłem!". Ale reszta, stu dwudziestu innych Polaków w ciągu dwóch godzin, reszta była po europejsku wstrzemięźliwa. Żółci w europejskich garniturach wyglądali nieco komicznie. Jak przebrane dzieci. Nosili te garnitury jak mundury. Może wydawało się im, że za pomocą garnituru rozpłyną się w europejskim tłumie? Zgoda, ta opowieść jest pełna uprzedzeń. Uważam, że Żółci powinni przybywać do Europy w swoich własnych strojach. Tak jak piękne kobiety z Indii. Jak piękne kobiety z Afryki. Tymczasem wbijają się w szare garniaki i wyglądają jak armia robotów. Japończycy powinni wyglądać jak samuraje, Japonki jak gejsze. Chińczycy powinni wyglądać jak Chińczycy i tyle. Ortodoksyjni muzułmanie mają jednak więcej klasy. Tak samo jak Rosjanie. Wysiadają z wielkiego tupolewa, paszporty sprawdzają im już przy samych drzwiach samolotu, ale oni się nie przejmują, ryczą na cały głos w języku Puszkina i Tołstoja i od razu widać, że te ciuchy od Armaniego i Prady włożyli tylko dla jaj, dla zmyłki, żeby zdezorientować europejskie straże w drodze do kasyn Monte Carlo, by puścić tam część dochodu narodowego ojczyzny, czy też na Wyspy Brytyjskie, w celu zakupu Manchester United oraz Liverpoolu za gotówkę przewożoną w trzech walizkach. A inni wyglądają tak, jakby uciekli gdzieś z upadłych kołchozów. Grubi i obdarci. Palą i stoją w tych smoking areas z odkurzaczami, co wciągają dym. Palą i patrzą na Babilon jak na przyszły łup. Bo przecież nie są stąd, a jednak chcieliby to wszystko mieć, te flaszki koniaku po trzysta euro, majtki po pięćset i czapki po tysiąc. Jasne, każdy by chciał, ale oni zdaje się myślą, że im się to wszystko po prostu należy. No, ale jak powiedziałem, ta opowieść jest pełna uprzedzeń i nie zamierzam tego wcale ukrywać. Jak człowiek spędza na frankfurckim lotnisku tyle czasu, to musi wejść z dyskusję z resztą świata i pytać o miejsce i przeznaczenie ludów, narodów oraz cywilizacji.

Wracałem wtedy z Grazu. Wiem, że Graz to Austria, ale jednak stamtąd wracałem. W Grazu była słoneczna jesień. Wyszedłem rano na spacer. Spacerowałem może dwie godziny i spotkałem z piętnastu żebraków. Niektórzy wyglądali na miejscowych spryciarzy, niewolników taniego wina albo heroiny. Ci żebrali w marszu. Podchodzili i mówili, że potrzebują euro albo dwa na telefon. Albo próbowali zgadnąć, skąd jestem, tak jak ta staruszka w pociągu do Kolonii, i popisywali się fragmentaryczną znajomością paru europejskich języków, by zakończyć frazę prośbą o wsparcie, w celu nabycia biletu powrotnego do domu. Czułem się nieco zdemaskowany i trochę obnażony, bo raczej nie brali mnie za Austriaka. Żeby nie komplikować sprawy, mówiłem im, że jestem z Rosji, i wspomagałem drobną kwotą. Ten sam numer, co na całym świecie: zabrakło pieniędzy na bilet, a bardzo chcą wrócić do domu, by zacząć nowe życie. Trzy lata temu w chorwackim Rovinju przynadpity koleś ze słowiańskim dramatyzmem upiększał opowieść o pragnieniu powrotu do domu historią, że niby przed dwoma minutami właśnie go okradziono. To samo mam co drugi dzień w moich Gorlicach. Ale oprócz aktywnych żebraków austriackich byli też pasywni, siedzący, tacy bardziej tradycyjni. Na moje oko napływowi: Słowiańszczyzna, Bałkany, czarne chustki na głowach, gesty stare jak świat, proszalne kiwanie się w tył i w przód, mistrzowsko wyciągnięte i zastygłe dłonie o rysunku zupełnie dürerowskim. I te przedwieczne postacie siedziały na stopniach kościołów. Lecz kościoły były zamknięte. Zamknięty na głucho był Stadtpfarrkirche przy Herrengasse. To zapamiętałem. Nawet kamienne stopnie głównego i bocznego wejścia wyglądały na rzadko używane. Ale siedzieli. Trzech. Przed martwym kościołem, a sami wyglądali tak, jakby przybyli prosto z najlepszych czasów miłosierdzia i jałmużny. Siedzieli też przed katedrą, która była otwarta, ale do środka wchodzili głów-

nie japońscy turyści, bo mieli na bilet. Niewykluczone, że tokijscy globtroterzy dawali bośniackim
wdowom i ukraińskim spryciarzom większe datki
niż austriaccy chrześcijanie. Tak, dawne cesar-
stwo austro-węgierskie upominało się tutaj o swoje. Wszystkie nacje powinny tutaj żebrać. Polacy
też, jak najbardziej, ci z Galicji, i Słowacy, i Czesi,
i Rumuni, i Słoweńcy, i Chorwaci, i Włosi z Tyrolu
oraz z Triestu. Wszyscy cesarsko-królewscy pod-
dani, nie wyłączając oczywiście Cyganów, powinni
żebrać, ale nie pod kościołami. Powinni żebrać
pod austriackim bankiem narodowym. I powinni
dostawać. Takiego byłem zdania, gdy po dwóch
godzinach wracałem do hotelu zaopatrzony w john-
niego walkera, bo jakoś nigdzie nie mieli jima beama. Otworzyłem szeroko okno, skopałem buty,
nalałem sobie szklankę i położyłem się na łóżku,
żeby rozmyślać o germańskim fenomenie. Zawsze
tak robiłem w tych hotelach, które mi fundowali:
otwierałem butelkę i rozmyślałem o germańskim
fenomenie. Nie chciałem być niewdzięczny i w ty-
powo słowiański sposób przepierdalać – było nie
było – germańskiego czasu. A wtedy tam w Grazu
zrobiło się południe i zaczęły bić dzwony. Słuchałem i wspominałem dźwięki wszystkich niemieckich
dzwonów, jakie tylko mogłem sobie przypomnieć,

wszystkie dźwięki dzwonów z tych wszystkich stu osiemdziesięciu germańskich miast i wsi, w których byłem. Przypominałem sobie wszystkie sto osiemdziesiąt germańskich pokojów, w których popijałem beama albo walkera i słuchałem dzwonów. Romańskich, gotyckich, renesansowych i barokowych. Niewątpliwie część z nich na skutek działalności aliantów była replikami, ale ja i tak słuchałem ich tak, jak słucha się prawdziwych. Słuchałem, jak przemawiają do mnie z głębi wieków. Słuchałem, jak ich pojedyncze dźwięki składają się w symfonię chrześcijaństwa. Tak było na przykład w Akwizgranie, gdzie opłakiwałem relikwie Karola Wielkiego złożone w prezbiterium katedry. Opłakiwałem je w hotelu Hesse Am Marschiertor położonym kilometr na południe od świątyni i dość blisko dworca. Tak sobie to wymyśliłem: hołd dla pierwszego z Karolingów, bez których Europa mówiłaby po eskimosku albo libijsku i wyznawała totemizm. Specjalnie po to tu przyjechałem i wszedłem na pierwsze piętro hotelu przy Friedlandstrasse 20. Nalałem sobie szklankę beama, położyłem się na łóżku i opłakiwałem niegdysiejszą wielkość. Trudno, żebym się mazał, pałętając się po Hühner Markt. Wciąż miałem w pamięci ostrzeżenia przyjaciół, że w Niemczech za publiczny płacz aresztują i wysyłają

48

na leczenie. I tak było wszędzie. Opłakiwałem wielką niemiecką przeszłość za zamkniętymi drzwiami. W Augsburgu na przykład robiłem to w Dom-Hotel przy Frauentorstrasse 8. „Dom" znaczy „katedra" w jakimś staroniemieckim. Było czysto i schludnie oraz po protestancku surowo, chociaż to środek Bawarii. Nawet minibaru w pokoju. I w dodatku niedziela. Na głównej ulicy wszystko było pozamykane niczym w ortodoksyjnej wizji święcenia dnia świętego. Nawet latarnie mieli przygaszone. W przyjemnym sklepie z winami ktoś się krzątał. Na wystawie wypatrzyłem butelkę z Burgerlandu. Ale ten w środku tylko sprzątał i na moją nieśmiałą prośbę zesztywniał, i powiedział: „Jest niedziela i jesteśmy w Bawarii".

Odszedłem z niczym. Bawarska obłuda: do kościołów chodzą głównie Japończycy z kamerami, ale w niedzielę wina nie dostaniesz. A chciałem pić i medytować nad życiem świętej Afry. Ta święta miała swoje muzeum w katedrze stojącej parę kroków od hotelu. Został mi tylko własny zapas bourbona. Dlatego zamiast rozmyślać o świętej, poszedłem szukać domu Brechta. Nie żebym jakoś specjalnie go podziwiał. Miałem już czterdzieści cztery lata. W młodości widziałem w polskiej telewizji *Operę za trzy grosze*. Rodzice narzekali, że to jakieś bez sensu i żeby przełączyć na drugi program, ale wysiedziałem do końca z poczuciem, że to jest coś w rodzaju buntu wobec starszych. Lecz teraz szukałem jego rodzinnego domu tylko po to, by po prostu spędzić czas. Auf dem Rain było ciut ciemne. Przed numerem 7 parkowało czerwone sportowe auto. Jak jakiś kapitalistyczny sarkazm wobec tego syna proletariatu, który ponad wszystko ukochał eleganckie i drogie samochody. Biedaczyna. Powinien urodzić się pięćdziesiąt lat później. Wystawiałby w Volksbühne, a potem odjeżdżał porsche cayenne turbo do Boltenhagen, żeby pojeździć sobie po plaży. Albo BMW coupe V10 do Rosji, gdzie KGB za petroruble kupiłoby mu jakiś elegancki teatr. Artyści zawsze umierają za wcześnie.

No nic. To jednak przeszłość. Tak jak te dzwony. Brecht, katolicyzm, protestantyzm, wszystko tutaj mija dość szybko. Niemcy to jednak trochę Ameryka. Większość zapewne się obrazi, ale będę trwał przy swoim. Niemcy to Amerykanie na nieco wolniejszych obrotach. Amerykanie, którzy mieli Lutra, więc nie wydaje im się, że przyszli na świat wczoraj. Amerykanie, którzy mieli Hitlera i dlatego nie są tacy hej do przodu. Ostatnio znowu się przesiadałem i mogłem się do woli pobłąkać po

Hauptbahnhof w Berlinie. Z piętra na piętro, galeriami wokół, sumiennie, żeby niczego nie przegapić. To rzeczywiście jest tak wielkie, że ten tłum w środku wygląda na garstkę zabłąkanych krewnych z prowincji. W każdym razie wyglądało to na przedsięwzięcie, które jest w stanie obsłużyć całe Chiny, gdy już się zdecydują na to, by via Berlin obejrzeć Luwr i Watykan, w celu sporządzenia dokładnych planów oraz późniejszego odtworzenia ich w skali jeden do jeden gdzieś nad Huang-Ho. Błąkałem się więc schodami i galeriami i czułem, że ten dworzec to jest pomnik przyszłości oraz karkołomny skok na głęboką wodę, który równie dobrze może się okazać materialną metaforą horror vacui, gdy Chińczycy jednak zawiodą. Miałem dwie godziny, więc kupiłem sobie w automacie bilet i pojechałem trzy przystanki na Berlin ZOO. Pojechałem tam, żeby opłakiwać minione. Berlin ZOO był jak dzwony odchodzących w przeszłość religii. Berlin ZOO nieodwołalnie przemijał. Na Berlin ZOO mieli wkrótce przybywać tylko Japończycy ze swoimi kamerami. A przecież wiele lat temu wysiadłem na tym dworcu z zielonym plecakiem i zobaczyłem legendarny Berlin Zachodni. To było już po zjednoczeniu, ale dramatyczne rozdarcie trwa do dzisiaj, więc co dopiero w dziewięćdziesiątym trzecim czy czwartym. No więc wysiadłem z tym zielonym plecakiem, zszedłem na dół, na zewnątrz, w zapadającym mroku jarzył się czerwony neon Beate Uhse, i poczułem, że nareszcie jestem na Zachodzie. Chyba nawet wstydziłem się popatrzeć w tamtą stronę. Bałem się, że ktoś zauważy. Zdaje się, że poszedłem na Fasanenstrasse, żeby zamieszkać w pokoju jakiegoś literaturhausu, czy czegoś takiego. W każdym razie spałem tam dwie noce, jedyne okno wychodziło na oddaloną o pół metra ścianę, a na podwórku w dole już o szóstej rano tłukli się śmieciarze oraz dostawcy napojów i zieleniny, bo na parterze mieściła się elegancka kawiarnia literacka, gdzie spotykał się intelektualny Berlin. Tego się dowiedziałem wiele lat później. Ale wtedy najbardziej byłem przejęty tym, że Zachód jest taki paskudny, że zabudowa wzdłuż Kudam, wzdłuż Kantstrasse, wzdłuż Hardenbergstrasse wygląda jak centrum Warszawy z lat siedemdziesiątych. Dopiero rok czy dwa później opanowałem ten obłudny ton i pytanie: „Chyba byliście jednak trochę zniszczeni w ostatniej wojnie?". I taksówkarze, i profesorowie slawistyki wpadali w te same elegijne tony, które można było wziąć za łagodny wyrzut albo pogodzenie z losem. No i właściwie nic się nie zmieniło koło ZOO przez te wszystkie lata. Chyba tylko przybyło Turków, Słowian oraz Czarnych Braci. I chyba ubyło Niemców. W ogóle z biegiem czasu mam wrażenie, że Niemców ubywa. Gdzieś się podziewają, gdzieś znikają. Prawdopodobnie wyprowadzają się do coraz lepszych, coraz droższych i coraz cichszych dzielnic. Może kiedyś całkiem znikną z miast? Będą żyli na przykład w Szwarcwaldzie. Albo wykupią wszystkie wyspy na morzu Egejskim oraz Adriatyckim. Wykupią Baleary i Kanary. Zatrudnią Turków, Słowian i Azjatów do prowadzenia własnego kraju, a sami nareszcie odpoczną – bo co by nie mówić, to jednak chyba oni, Niemcy, napracowali się w dziejach najbardziej ze wszystkich Europejczyków. Więc odpoczynek im się należy. Tu wszystko jest tak dobrze urządzone, że Bundestag mogą obsługiwać nawet Kazachowie. Dlaczego nie? Takie myśli miałem po latach w okolicach ZOO. Mój Boże, nawet neonaziści z Meklemburgii mogliby zatrudnić Wietnamczyków i spokojnie oddalić się na, powiedzmy, Maderę. Pojechałem w stronę Charlottenburga i nie mogłem uwolnić się od myśli, że któregoś dnia rzeczywiście będą przyuczać obcokrajowców do prowadzenia tego kraju, tak jak dzisiaj przyucza się Pakistańczyków do obsługi dworcowych zamiataczek i odkurzaczy.

Takie rzeczy dzieją się w głowie podczas dłuższych przerw w podróży w czeluściach berlińskiego Hauptbahnhof. Bo dojechałem do Charlottenburga i zaraz wróciłem. Chciałem podziwiać perspektywy miasta pojawiające się niczym fatamorgany w tych wielkich szklanych przestrzeniach. Wiadukt nad Humbolthafen, Reichstag i Szprewa. Wszędzie dreptała międzynarodowa gawiedź i robiła zdjęcia. Robiła zdjęcia wszystkiemu i zaraz wysyłała je na cztery strony świata. Było w tym coś beznadziejnie smutnego. Każda rzecz zaczynała istnieć dopiero wtedy, gdy została pstryknięta. Robili foty kebabom, które zamówili, i zaraz te kebaby wysyłali do Tokio. Kompletny idiotyzm. Ale nie tylko Japończycy. Wszyscy pstrykali. Nasi też. Tyle że ciszej, nieśmiało, bo nasi wciąż boją się Niemców. Dopiero jak wracają, gdzieś w Słubicach zaczynają: „Niemcy to, Niemcy śmo". Znałem jednego, co jak siedział w Niemczech, to przepisywał z niemieckich gazet, podpisywał swoim nazwiskiem i wysyłał do starego kraju jako własne przemyślenia. Za porządne pieniądze. Potem, jak już wrócił, zrobił się tak antyniemiecki, jakbyśmy mieli 1942 zeszłego wieku. I tak to hula. Ale odbiegłem od tematu.

Na tym Hauptbahnhof znalazłem się, ponieważ powracałem z miasta Greifswald położonego nad samym Bałtykiem. Reprezentanci środowisk alternatywnych z Berlina utrzymywali, że to jest paszcza neonazistowskiego lwa. Ale nic mi się nie stało. Mieszkałem w hotelu Galerie i chodziłem na spacery. To tutaj urodził się Kaspar David Friedrich. Jego ojciec był mydlarzem, więc chłopiec zrobił błyskotliwą karierę, jak to się dzisiaj mówi. Nie miałem o tym wcześniej pojęcia. Nie znam się na malarstwie, a zwłaszcza niemieckim, ale Friedrich zawsze mi się podobał. To było takie germańskie i romantyczne: chmury, wichry, ruiny, demoniczne światło Północy i niewidzialny cień Walhalli. Lubiłem jego obrazy, bo były ponure jak grób. W młodości takie rzeczy imponują. No i przyjechałem do jego miasta. Wiem, że powinienem pójść do galerii, żeby mieć jakie takie pojęcie, a nie wciąż trzymać się tych pięciu reprodukcji z jakiegoś albumu. Wiem. Ale pojechałem pociągiem do Zinnowitz, ponieważ chciałem znaleźć się na wyspie Uznam. Wyobrażałem sobie, że będzie wiatr, wzburzone morze i wydmy, czyli Kaspar David Friedrich. Jednak w Zinnowitz nie wiało. Morze było gładkie jak stół. Parę osób spacerowało po plaży. Żadnego Kaspara Davida tylko enerdowski kurort after season. Można było zjeść rybę z frytkami i kupić sobie pocztówkę. Lubiłem NRD.

W NRD poza skinami wszystko mi pasowało. Poza skinami w NRD zawsze dobrze się czułem. Jeśli kiedykolwiek rozmyślałem o niemieckich wakacjach, o tym, żeby pojechać do Niemiec tak po prostu, jak się jeździ do obcego kraju dla przyjemności, to przychodziła mi na myśl Meklemburgia. I jeszcze Fryzja. Ale enerdowska Meklemburgia na pierwszym miejscu. Bo NRD to jest brakujące ogniwo między Germanią a Słowiańszczyzną. NRD to jest to zagubione plemię – germańskie albo słowiańskie – nikt nigdy tego nie rozstrzygnie. NRD to jest ten moment, gdy Niemcy nieco spuszczają z tonu. Znowu przypomina mi się Boltenhagen i poranek, gdy trzeba było wyruszyć z hotelu na stację kolejową bodajże do Klütz, dziesięć kilometrów dalej. Zajechała furgonetka z kierowcą. Kierowca miał na sobie granatowy fartuch. Taki sam jak te, które nosiły woźne w szkołach za komunizmu. Granatowy kitel na osiem guzików. Oderwali faceta chyba od jakichś rzeźniczych zajęć, bo był trochę zakrwawiony i próbował o poły tego swojego stroju wytrzeć ręce. W każdym razie wsiedliśmy do VW transportera i pojechaliśmy szosą wzdłuż szpaleru starych drzew. Kierowca palił i gadał. Pamiętam to do dziś i nigdy nie zapomnę krwi i dymu o poranku między Boltenhagen i Klütz, i to jest jedno z moich najlepszych wspomnień. Bo NRD jednak powinno pozostać pomostem między Wschodem a Zachodem. Między Rzymem a Bizancjum. Tam rzeczywiście znajdowałem przyjaciół. Potem nawet przyjeżdżali do nas i wcale nie czuli się skrępowani. Gdy przyjeżdżają do nas ludzie z prawdziwego Zachodu, to jednak cały czas dyskretnie sprawdzają, czy się o coś nie wybrudzili. Ci z NRD nie. Zachowują się jak trochę onieśmieleni Słowianie. Widać, że chcieliby bardziej, ale coś ich powstrzymuje. Są rozdarci. Naprawdę głęboko. Jak Rumuni między Paryżem a Konstantynopolem. Jak Polacy też między Paryżem a zdaje się niestety Moskwą. Albo przynajmniej Berlinem a Kijowem. Ale rozdarcie NRD jest na pewno głębsze. Sam jestem rozdarty, więc lubię NRD i te jego wszystkie nazwy: Gützkow, Gribow, Postlow, Pelsin i tak dalej. Słowiańskość, komunizm, trochę gorsza dieta i tańsze kosmetyki to są jednak elementy uczłowieczające.

Czasami, zwłaszcza w Szwajcarii, zwyczajnie tęsknię za NRD. Tak było choćby w Leukerbad. Przewracałem się z boku na bok i rozmyślałem o Klütz. Miałem trzypokojowy apartament z widokiem na Alpy, skolko ugodno bourbona, biały szlafrok frotte, klapki oraz wejściówkę na gorące baseny, ale wspominałem Boltenhagen i pokój z oknem na smażalnię fląder. Pewnie w tych warunkach nie miałem śmiałości tęsknić za ojczyzną, więc tęskniłem za NRD. Rozmyślałem o zrujnowanych stacyjkach z czerwonej cegły. Tak jak na dworcu w Stuttgarcie tęskniłem za Gara de Nord w Bukareszcie. Następnego dnia skończył mi się bourbon i musiałem zadowolić się johnnie walkerem. Nazajutrz była niedziela i skończył się nawet johnnie walker. Wtedy moi wspaniali, kochani Szwajcarzy natychmiast dostarczyli mi następnego. W dodatku zamiast czerwonego dostałem tego z niebieską kartką. Pierwszy i ostatni raz w życiu. Ale i tak tęskniłem do NRD. Spacerowałem alpejskimi ścieżkami, ucztowałem w średniowiecznym zamku, patrzyłem na rozświetloną dolinę Rodanu i rozmyślałem o mężczyźnie wycierającym zakrwawione ręce w poły granatowego kitla. W duchu powtarzałem sobie: „Szkoda dla ciebie Szwajcarii, skoro twoje serce pozostało w NRD". I w duchu sam się ze sobą zgadzałem.

Tak samo jak NRD lubię Berlin. Właściwie mógłbym nawet przyjechać do Berlina bez powodu. Tak jak czasami bez powodu wsiadam do S41 albo S42 i jeżdżę w kółko. Patrzę na twarze i miejski krajobraz. Nie znam dobrze miasta, próbuję zgadywać, gdzie kończył się wschodni i zaczynał zachodni.

Czasami wysiadam, żeby się przyjrzeć. Lubię Ost-kreutz i mam nadzieję, że nigdy go nie wyremontują, że na wieki zostanie czarne żelazo, czerwona cegła, cieknąca ze stropów woda i te badziewiaste stragany na peronach. Jeśli tylko mam wolne pół dnia w Berlinie, kupuję sobie tageskarte i zwiedzam linie, stacje i węzły przesiadkowe. Wiem, że powinienem pójść w końcu do jakiegoś muzeum, galerii, obejrzeć jakiś pomnik, ale to się nigdy nie udaje. Zamiast na Museumsinsel nieodmiennie ląduję na Ostkreutz, by złapać na przykład S5 i pojechać do Strausberg. Ach, ten stopniowy zanik, ten parter i zieloność. Za oknem robi się wieś, konie, krowy, kozy, ugór, zarośla, pokrzywy, nieskończone przedmieście, a w środku, w wagonie, postsowiecki dizajn niczym w Kiszynio-wie. Dresiarstwo, podrabiane łańcuchy, tlenione baby, złote zęby, czarne odrosty, pryszcze na byczych karkach, już nikt się nie uśmiecha, coś tam do siebie powarkują, robi się powiatowo i pegeerowsko. Mało-laty są wygolone i mają odstające uszy, zupełnie jak u nas w tych opadających, ciągnących się po ziemi ortalionowych porciętach, jakbyśmy akurat dojeż-dżali do Białegostoku, Mińska albo na moskiewskie zadupie. Za to kocha się Berlin. Gdzieś w Wuhletal wsiedli kontrolerzy. Maleńka, krucha Chinka albo Koreanka nie miała biletu. Coś do niej mówili po niemiecku, ale ona jakby nie słyszała, wyjęła telefon, wystukała numer i zaczęła mówić szybko, wysoko i świergotliwie, jakby ich tam nie było. Tamci stali nad nią i powtarzali: „Paszport, paszport", a ona wciąż mówiła w swoim pełnym kląskania i treli języku. Miała spokojną, nieruchomą twarz. Poruszały się tylko umalowane usta. W Hoppergarten faceci stracili cierpliwość i wyprowadzili ją na peron. Dojechałem do końca i tym samym składem ruszyłem na drugi koniec aglomeracji, do Spandau, żeby znowu przyglądać się twarzom i strojom, ale w tamtą stronę, na zachód od śródmieścia, było dość nudno i niewiele się zmieniało. Tak, nawet w Berlinie wschód był ciekawszy od zachodu i tam, w S41 i S5, powoli zaczynałem rozumieć, dlaczego siedem razy byłem w Bukareszcie i ani razu w Paryżu. W każdym razie tym samym składem pojechałem z powrotem, ale wysiadłem przy Stadionie Olimpijskim, ponieważ od jakiegoś czasu zagadka niemieckiej duszy nie dawała mi spokoju.

„Właściciele brudnych psów noszą także brudną bieliznę". Tak w roku 1969 powiedział Rolf Jansen, przewodniczący Związku Niemieckich Hodowców Psów. Lubię ten cytat i często go sobie powtarzam.

Powtarzałem go sobie w Kolonii o drugiej w nocy na pustym dworcu. Przechadzałem się i powtarzałem go sobie, bo mój hotel nic nie wiedział o moim przyjeździe, a w innych nie było miejsc, ponieważ w Kolonii odbywały się akurat wszechświatowe targi eleganckiego jedzenia. Spacerowałem więc i powtarzałem sobie ten cytat. Dworcowa żulia nagabywała mnie pytaniami: „Where are you from?". Chciałem jak zwykle powiedzieć, że z Rosji, ale Rosja o tej porze mogła nie zrobić odpowiedniego wrażenia, więc powiedziałem: „From Albania", i zaraz sobie poszli. A może to nie było w Kolonii, tylko w Bonn? Dzisiaj to już nie do odtworzenia. Dwieście szesnaście niemieckich miast i wsi, a jeszcze Austria i niemieckojęzyczna część Szwajcarii... Tak więc pomyłki nie są wykluczone i niewykluczone, że z samych pomyłek składa się ta opowieść. Ale cytat z Rolfa Jansena nigdy mnie nie opuszczał. Pomagał mi, ilekroć okoliczności były przeciwko mnie. Na przykład w Berlinie na Fasanenstrasse, gdzie przebywałem w bardzo eleganckiej kamienicy, ale gdy chciałem już ją opuścić, nie wiedzieć czemu, schodząc z pierwszego piętra, wciąż trafiałem do piwnicy. Wchodziłem z powrotem na górę, znowu próbowałem i znów piwnica. I jestem pewien, że za dwunastym razem tylko dzięki magicznemu cytatowi udało mi się wyrwać z matni. Karlsruhe, Heibronn, Ludwigshafen, Mannheim – wszystkie te nazwy coś mi mówią, ale tak mógłby się równie dobrze nazywać jakiś labirynt. A co robiłem niedaleko Saarbrücken? Do późna w nocy rozmawiałem z jakąś kobietą. To pewne. Jej mąż był psychiatrą. Wcześniej pokazywał mi swoje pianino elektryczne, a potem, o czwartej nad ranem, wszedł do pokoju i powiedział, że czas najwyższy i że to nie jest żadne przyjęcie ani weekend. To było dziwne, bo przecież sam mnie zaprosił i pokazywał to swoje pianino. Z kolei gdzieś między Berlinem a Fürstenwaldem było zupełnie odwrotnie i to żona weszła do kuchni grubo po północy i powiedziała, że już koniec. Nie musiała nic mówić. Gospodarz spał od pół godziny, a ja po prostu pilnowałem, żeby nie przewrócił się z krzesłem. Dlatego jednak wolę spać w hotelach. Wolę zimne zawodowstwo. Kiedy mocno doskwiera mi samotność, po prostu siadam na hotelowym łóżku, wyjmuję kasę i sobie ją liczę. Po dwóch tygodniach w trasie trochę się tego zbiera. Jest jedenasta albo dwunasta w nocy, włączam jakiś elegancki kanał, na przykład talk-show z transwestytami albo wrestling, popijam sobie jima beama i po prostu liczę forsę. Oddzielnie dwusetki, oddzielnie setki, oddzielnie pięćdziesiątki i tak dalej. Tylko w ten sposób można ukoić niemiecką samotność, tylko za pomocą arytmetyki można stawić czoła alienacji słowiańskiego pisarza w germańskiej trasie. Setki, pięćdziesiątki, dwudziestki. Za czasów marek to nie było wcale wygodne. Człowiek wracał wypchany. Kieszenie się nie dopinały. Wiedziony emigranckim sprytem i strachem utykał forsę tu i tam i w końcu już nie wiedział, ile jej ma. To musiało być w jakiejś zamierzchłej przyszłości, bo nie pamiętam już markowych banknotów. Ani w ząb. Z wizerunkami postaci na nominałach trzeba czuć jakiś związek. Takiego na przykład Ulricha von Jungingena znało każde polskie dziecko. W każdej polskiej szkole i przedszkolu wisiała kopia *Bitwy pod Grunwaldem* Matejki, i to był pierwszy Niemiec w życiu każdego małego Polaka. Hitler przychodził trochę później i trzeba już było dysponować jakąś wiedzą, bo jeśli idzie o jego portrety, to raczej się nie wieszało. Ale Jungingen był wszędzie, w każdej placówce szkolnej i wychowawczej: na siwym stającym dęba koniu, w białym rozwianym płaszczu i z wielkim czarnym krzyżem na piersiach. Wypełniał całą centralną część obrazu. Teraz się zastanawiam, czy ta apoteoza siły polskiego oręża nie jest aby podszyta kompleksem niemieckim. Ulrich wprawdzie za chwilę polegnie, ale za to jak wygląda! Strach wprawdzie rozszerza mu źrenice, ale walczy do końca. Zresztą na jego miejscu każdy by się bał, bo dziki, półnagi Litwin zamierza się na niego włócznią świętego Maurycego, a drugi facet w krótkich portkach i czerwonym katowskim kapturze – toporem. Zdaje się, że chodzi tutaj po prostu o rytualne zabójstwo Niemca, chodzi o coś w rodzaju ofiary złożonej z Jungingena. Bo niby skąd u zarośniętego Litwina włócznia zawierająca gwóźdź z Krzyża Świętego? Dlaczego facet w krótkich portkach ma na głowie czerwony katowski kaptur? Zapomniał się przebrać, ruszając pod Grunwald? Jakaś perwersja w tym tkwi albo prasłowiański zabobon. I wszystko w formacie dziesięć metrów na cztery, albo przynajmniej osiem na trzy. I reprodukcje w każdej szkole, w każdej klasie. Żeby sobie pierwszoklasiści zapamiętali krwawą ofiarę z Niemca.

Ale na dojczmarkach nie było Jungingena. Same pacyfistyczne i humanistyczne postaci. Kompletnie nie do zapamiętania. Żeby chociaż Bismarck albo Wilhelm II. Guzik. Na piątce była jakaś panna, później jakiś renesansowy beret, zupełna dziura w pamięci, a papierową piątkę i tak w końcu zastąpiła metalowa. Wrzucało się do automatu i wyskakiwała paczka fajek. Albo nie wyskakiwała.

Niemniej jednak te humanistyczne nominały dały się liczyć, składać w kupki, prostować i w ogóle ułatwiały zaśnięcie na pisarskim wygnaniu. Rano też człowiek budził się w lepszym nastroju. Gdy weszło euro, zaśnięcia i przebudzenia stały się nieco bardziej kosmopolityczne. Przecierał człowiek oczy, wyjmował spod poduszki zieloną setkę i sobie wyobrażał: „Oto jestem na Capri". Albo: „Zaczęła się jesień i jest cicho, bo z Korfu wyjechali wszyscy niemieccy turyści". Potem jednak trzeba było wstawać, brać prysznic, zjadać swoją jajecznicę na boczku i w zimowym deszczu wlec się z plecakiem na dworzec, powiedzmy w Detmold, Hameln albo Minden. Koniec końców euro niewiele zmieniło. Miałem po prostu mniej banknotów, bo były większe nominały i tyle. Nie chodziłem już taki wypchany. Lecz to też niosło ze sobą pewne ryzyko. Kiedyś w Innsbrucku (wiem, że to Austria, spokojnie) dostałem fioletową, wielką pięćsetkę. I tak się złożyło, że następnego dnia rano nie miałem nic mniejszego. Czekałem na pociąg i jak to pasażer chciałem się napić kawy. Usiadłem przy barze, zamówiłem, wypiłem, wyjmuję tę płachtę i chcę płacić. Barmanka popatrzyła na mnie jak na wariata, jak na jakiegoś bezdomnego, i zaczęła coś bardzo prędko mówić. Zrozumiałem tylko tyle, że mam się natychmiast wynosić, bo ona nie chce tutaj kłopotów. No to poszedłem i pojąłem, że nie kupię sobie papierosów, nie kupię wody mineralnej, nie kupię kanapki, nie kupię nic, bo wszyscy podejrzewają, że jestem północnokoreańskim fałszerzem walut, albo przynajmniej rosyjskim oligarchą, który próbuje wprowadzić do obiegu wywiezioną cichcem z ojczyzny forsę. Miałem przed sobą pół dnia podróży i w oczy zajrzał mi głód. Porzuciłem dworzec i odnalazłem supermarket. Wziąłem koszyk, załadowałem jima beama i cztery piwa. Była ósma rano. Kobieta w kasie wydała mi furę pieniędzy i nie podniosła nawet wzroku. Teraz mogłem sobie kupić kanapki na drogę. Mogłem sobie kupić mineralną. Mogłem jechać do Wiednia i niczym się nie przejmować. Zresztą nie jestem pewien, czy to było w Innsbrucku. Równie dobrze mogło to być w Konstancji albo w Lenzburgu. W tym drugim wypadku musiałem płacić frankami szwajcarskimi, ale czy na pewno pięćsetką? Czy w Szwajcarii mają w ogóle pięćsetki? W każdym razie na pewno był supermarket i ósma rano. Niewykluczone, że jechałem do Zurychu, by złapać dokądś samolot. Do Frankfurtu? Berlina? Bóg raczy wiedzieć. Ale pamiętam poranną drogę z Lenzburga. Było szaro i padał deszcz. Bardzo skromnie wyglądała

Szwajcaria wzdłuż linii kolejowej. Przypominała NRD, przypominała Polskę, Służewiec Przemysłowy, jakby ją zbombardowali i w pośpiechu odbudowali. Jakby właśnie tutaj Le Corbusier robił sobie wprawki przed generalną rozjebką europejskiego pejzażu. Lecz to było tylko trzydzieści-czterdzieści kilometrów. Potem był znowu Zurych Hauptbahnhof, automaty do wymiany pieniędzy, z których zawsze bałem się skorzystać, i stojąca w holu furgonetka wyładowana serem. Facet kroił i sprzedawał. Prawdopodobnie jak zwykle byłem za wcześnie i próbowałem zabijać czas do odjazdu, czas do odlotu, próbowałem zapamiętać aurę tych wszystkich miejsc, o których nie miałem pojęcia, próbowałem delikatnie dotknąć powierzchni zdarzeń, tak jak ostrożnie głaszcze się sierść obcego psa. Ach Zurych, Zurych – kulka lodów kosztuje tam około dwudziestu czterech złotych, a przy Bahnhofstrasse są sklepy z ciuchami i biżuterią, gdzie nie wystawiają nawet cen. W pewien deszczowy dzień przejechałem trzy przystanki tramwajem i odnalazłem swój hotel. Pokój był mały i schludny jak bombonierka. Czułem się jak jakaś Calineczka wśród falbanek, bibelotów i cacek. Kładłem się na pufiastym łóżku i sięgałem od ściany do ściany. Trzymali to dla lalki, dla krasnala w podróży. Mieli podwójne drzwi, w środku panowała całkowita cisza. Tylko co pół godziny dobijała się pakistańska sprzątaczka z odkurzaczami i szczotkami i chciała robić porządek. Nie mogłem się skupić na własnych myślach, bo co pół godziny musiałem wstawać. „Nein, danke" – mówiłem, a ona z uśmiechem tarabaniła się do środka ze swoimi wiadrami i ścierkami. Za trzecim razem dałem jej pięć franków, uśmiechnęła się jeszcze szerzej i zniknęła, a ja mogłem popijać swojego beama i rozmyślać o Huldrychu Zwinglim, o jego kazaniach w zuryskiej katedrze przeciw odpustom, idei czyśćca, kultowi świętych, celibatowi, a w końcu i przeciw samemu papieżowi. I rozmyślałem również o swoim niefrasobliwym katolicyzmie, który pozwalał mi rozdawać na prawo i lewo srebrzyste pięciofrankówki. Nie pasowałem do Szwajcarii. Wiedziałem o tym dobrze, zanim tu przyjechałem. Wieczorem występowałem w teatrze kukiełkowym. To znaczy w sali teatru kukiełkowego. Pokój dla lalek i teatr kukiełkowy – powinienem się nad tym zastanowić, powinienem wyciągnąć z tego jakieś wnioski. Ale w podróży nie ma na to czasu. Wieczorem trzeba pić wino i jeść szwajcarskie danie narodowe, to znaczy zapiekankę z ziemniaków i sera, potem znowu pić wino, a rano w panice pakować plecak i biec na dworzec, gdzie okazuje się, że w tej gmatwaninie przyjazdów, odjazdów, peronów i umykających minut nie ma się szans. Tak było i wtedy. Czarnoskóry taryfiarz uśmiechnął się szeroko, gdy usłyszał „Flughafen". Jechałem i w zamyśleniu nad swoim katolicyzmem patrzyłem na przeskakujące cyferki taksometru.

Niewykluczone, że leciałem wtedy do Frankfurtu. Bardzo możliwe. Prawdopodobnie miałem udzielić wywiadu alternatywnemu radiu. Studio mieściło się w jakichś ruinach. Jakby alianci odlecieli dopiero wczoraj. Jürgen miał długie włosy, nieco zmęczoną twarz i pytał, co się dzieje z polskim futbolem, a ja mu odpowiadałem, że mamy teraz papieża Polaka i nie musimy już wygrywać w piłkę. Potem rozmawialiśmy o marihuanie. Tym się podobno interesowali słuchacze. Opisywałem im początki uprawy w naszym kraju na przełomie lat siedemdziesiątych i osiemdziesiątych. Opowiadałem, jak wysiewało się nasiona w ustronnych, nasłonecznionych miejscach. Nikt poza wtajemniczonymi nie wiedział wtedy, jak wygląda krzak marihuany. Bardzo wciągnęła mnie własna opowieść i po półgodzinie okazało się, że już trzeba kończyć. Chyba nie poruszyliśmy w ogóle tematu literatury. Ale za to Jürgen wieczorem zabrał nas do knajpy, gdzie odpoczywali przed dalszą jazdą kierowcy wielkich ciężarówek. Ich pojazdy stały zaparkowane na wielkim placu, a sama knajpa była wielka jak boisko do piłki nożnej. Gdy wstałem od stolika i ruszyłem w stronę toalety, to po drodze straciłem poczucie czasu i ledwo zdążyłem. Wszędzie było brudnawo i obskurnie. W młodości zawsze podziwiałem kierowców wielkich ciężarówek, więc ten brud wcale mi nie przeszkadzał. Wróciłem i dalej piliśmy piwo. Wyobrażałem sobie, że oto siedzę w sercu Europy, że właśnie tutaj zbiegają się jej arterie. Tędy podąża się z Moskwy do Paryża i z Palermo do Bergen. To tutaj krzyżują się szare wstęgi autostrad wiodące z Ankary do Glasgow. Tędy Mołdawia transportowała swoje arbuzy, a Portugalia swoje porto. Tak – już o tym wspominałem – Niemcy były dla mnie czymś w rodzaju Ameryki. Rozsadzała je jakaś siła. To się czuło właśnie w takich miejscach jak terminale dla wielkich ciężarówek albo rozjazdy autostrad. Albo węzły kolejowe. W takich miejscach, gdzie przepływa skumulowana, sprężona energia. To się widziało właśnie na frankfurckim niebie w schodzących się promieniście smugach kompensacyjnych odrzutowców. Od dwudziestu lat byłem wieśniakiem i podziwiałem takie cywilizacyjne epifanie. Wcale się tego nie wstydzę, chociaż w moim kraju podziw dla czegokolwiek z Niemiec uchodzi za brak ogłady. Oczywiście nie dotyczy to niemieckiej motoryzacji, a przed kilkoma laty nie dotyczyło również niemieckiej marki. Tak więc piliśmy piwo, a potem poszliśmy w środku nocy na spacer. To były jakieś przedmieścia, mosty i wiadukty, z których otwierały się dalekie industrialne perspektywy rozświetlone nadprzyrodzoną jasnością rtęciowych i sodowych lamp, a w górze, w otchłaniach czarnego nieba, przetaczał się apokaliptyczny ryk odrzutowców. Takie uczucia miałem we Frankfurcie nad Menem tamtego wieczoru. Spałem w hoteliku, który prowadziła Bułgarka. Zapytała, czy również jestem Bułgarem, i była niezwykle zdziwiona, że ktoś inny niż Bułgar zamierza tu spędzić noc.

Ale gdy myślę o Frankfurcie, to jednak przede wszystkim myślę o Lindenstrasse. Niewykluczone, że tam, w tym szarym jak metal mieszkaniu, zbiegają się wszystkie nici moich niemieckich myśli, tak jak trasy transeuropejskich kursów wielkich ciężarówek zbiegają się i krzyżują w tym zasyfionym terminalu na przedmieściach. Tam jest cisza i samotność, jesienią szeleszczą liście kasztanowców. Tam jest regał na pół ściany wypełniony szczelnie kieszonkową serią „Edition Suhrkamp". Jedna z moich książek jest dwa tysiące trzysta drugą pozycją w tej właśnie serii. Ale chyba nie ma jej wśród tych na regale. Na szarym stoliku stoi też komputer, ale nigdy go nie włączyłem. Cóż mógłbym z nim zrobić? Zostawić w nim list, który mógłby kiedyś odnaleźć jakiś inny pisarz śpiący tutaj i wydawany przez Suhrkampa? Bardzo to ładny pomysł, lecz nieco sentymentalny. Porzucałem go więc bardzo szybko i zabierałem się do przepierek, smażenia jajecznicy oraz próbowałem dokonać wyboru między białym a czerwonym. Potem spacerowałem z pokoju do pokoju i oddawałem się wspomnieniom. Wspominałem dworzec w Stuttgarcie, na którym byłem dwa dni wcześniej. Jak się jest w obcym kraju, wspomnienia zaczynają się bardzo szybko. Właściwie chyba nazajutrz, albo nawet jeszcze szybciej. Gdy się bez przerwy jedzie, to człowiek jest dość samotny i ma tylko to, co spotkało go wczoraj albo przed godziną. Oczywiście nie jest to żadna skarga, tylko coś w rodzaju filozofii podróży. Nie jest to żadne narzekanie. Ilekroć zaczynam użalać się nad własnym pisarskim losem, przychodzi mi do głowy myśl: „Mógłbyś, mazgaju, jeździć do Rosji...".

Tak. Mógłbym wyruszyć na cykl spotkań autorskich z Moskwy i potem kolejno: przez Perm, Jekaterynburg, Tiumeń, Omsk, Nowosybirsk, Tomsk, Krasnojarsk, Tajszet, Irkuck, Ułan-Ude, Czitę aż, powiedzmy, do Ussuryjska. Czasami wyobrażam sobie takie rzeczy. Gdy samolot z Frankfurtu dotyka kołami pasa startowego lotniska imienia Jana Pawła II w Krakowie, wyobrażam sobie, że oto po przerwie, kawie, zapiekance ziemniaczanej oraz wymianie w kantorze grubych nominałów na drobne ruszam dalej na wschód, by rozwikłać odwieczną zagadkę polskiego losu. Porzucam Lufthansę, wsiadam do Aerofłotu i wzbijam się w powietrze, by po dwóch godzinach znaleźć się na Szeremietiewie, Wnukowie, czy gdzie oni tam Polaków przywożą. Mam przy sobie swoje rosyjskie wydania i podaję je razem z paszportem do kontroli. Kolejka za mną zaczyna pęcznieć, słyszę szmery, szepty, pomrukiwania, a tymczasem pogranicznik wyciąga nogi przed siebie i śliniąc palec, zabiera się do kartkowania moich, pożal się Boże, dwóch książek. Przewraca strony, poprawia wielką czapkę, zerka na mnie spod oka, znowu przebiega wzrokiem tekst, odwraca kartkę, odkłada egzemplarz, bierze ten drugi, grubszy i w twardej oprawie, przepuszcza między palcami trzysta stron, jakby przepuszczał karcianą

73

talię, podnosi daszek czapy i patrząc w oczy, mówi: „Ech, wy Paliaki, wsiegda buntowszcziki oraz podstępni zdrajcy Słowiańszczyzny", a potem powoli, z rezygnacją stempluje paszport, stempluje dwa egzemplarze moich rosyjskich wydań i mówi: „Idi, pisatiel, idi w swiatu Rassiju...". No więc idę, wychodzę z Szeremietiewa albo Wnukowa i błąkam się przez miesiące między Moskwą a Ussuryjskiem. O bezdomna duszo polska! Tak sobie powtarzam w duchu, próbując wspinać się na stopnie wagonów klasy lux, kupejnych, plackartnych i obszczich. Gdy odnajdę już swoje posłanie, kładę sobie pod głowę zawiniątko z moimi rosyjskimi wydaniami, sam zwijam się w kłębek i czekam, aż pociąg ruszy i ukołysze mnie do snu w imperialnym bezkresie. „Kim jestem?" – pytam sam siebie przez sen, opuszczając Perm, w którym nigdy nie byłem. Mój Boże, to dopiero tysiąc czterysta kilometrów z Moskwy, a w moim sercu same pytania, same wątpliwości. Oni wszyscy tutaj biorą mnie za Słowianina, syna marnotrawnego, który cudem powrócił na łono. Gdy wkładali mnie do wagonu, łzom nie było końca. Jakbym na wojnę odjeżdżał i sam też płakałem, bo zaiste wydawało mi się, że serce mi pęknie. Ale teraz, gdy już trochę ochłonąłem i leżę zwinięty w kłębek, wsłuchany w stukot kół odmierzający imperialną nieskończoność, mówię do siebie: „Jaka, kurwa, słowiańszczyzna, czy cię pogięło? Przecież zaraz Ural, zaraz Jekaterynburg, gdzie Lenin kazał zamordować cara z całą rodziną, chwila moment, proszę mnie zapytać, czy ja w ogóle reflektuję na tak pojmowaną słowiańszczyznę z Leninem jako nieza-pomnianym reprezentantem....". Tysiąc osiemset od Moskwy, a gdzie jeszcze Ussuryjsk... Co to ma wspólnego ze mną. dziecięciem Mazowsza, co to ma wspólnego ze smętkiem mazowieckich nizin, płaczącymi wierzbami i Fryderykiem Chopinem? Nic nie ma. Słowiańszczyzna to Słowacja i Słowenia. Już NRD to bardziej Słowiańszczyzna niż Omsk na dwa tysiące sześćset siedemdziesiątym szóstym od Moskwy albo Nowosybirsk na trzy tysiące trzysta trzecim. Tak. Zwinięty w kłębek z tobołkiem pod głową, pędząc w głąb Syberii, by w miejscowości Bogotoł spotkać się z wiernymi czytelnikami... A potem po trzech dniach świętowania na cześć nawróconego syna marnotrawnego trzeba ruszać dalej, na cztery tysiące czterysta osiemdziesiąty trzeci kilometr do Tajszetu, by odczytać zebranym fragmenty prozy. A w Czeremchowie na pięć tysięcy dwudziestym drugim, naciągając koc na głowę, szeptałbym po cichutku do siebie: „Zostawcie mnie, proszę, jestem Niemcem...".

Jednym słowem, pogranicznik na lotnisku miał rację. Jestem zdrajcą. Moja słowiańskość kończy się pewnie gdzieś w Homlu, a może i wcześniej. Może zamiera zaraz za wschodnią granicą? Tak jak odżywa i pęcznieje zaraz za zachodnią. Jak państwo zapewne pamiętają, w mieście Graz przedstawiałem się nawet jako Rosjanin. Tylko za granicą południową, zwłaszcza południowo-wschodnią, moja słowiańskość zachowuje się normalnie. Zresztą tylko raz w życiu piłem z Rosjaninem i zresztą odbywało się to w Bratysławie w czerwcu 2000 roku. Siedzieliśmy nad Dunajem w jakiejś knajpie na świeżym powietrzu, niedaleko przystani statków rzecznych, i rozmawialiśmy. Ten Rosjanin był dwa razy starszy ode mnie, przyprowadził go pewien Słowak. Wydawało mi się, że zwycięży młodość, więc piłem kolejkę za kolejką. W pewnym momencie doszedłem do wniosku, że wprawdzie siedzimy nad Dunajem, ale jednak gdzieś w okolicach mostu Elżbiety w Budapeszcie. Wstałem więc, podziękowałem, pożegnałem się i odszedłem. Chwilę potem wszystko zgasło. Ocknąłem się w katedrze Świętego Marcina na popołudniowej mszy. Stałem wśród tłumu wiernych i śpiewałem razem z nimi po słowacku. Prawdopodobnie próbowałem obmyć swój rosyjski i prawosławny upadek w krynicy katolickiej wiary.

No więc w końcu zeszło na Rosję. Często schodzi. Niemcy i Rosja to coś jak tlen i azot, wódka i popitka, jak geopolityczny Flip i Flap. Kim byśmy byli, gdybyśmy mieli tylko jednego sąsiada, a z drugiej strony na przykład morze albo Wielkie Księstwo Luksemburg? Bylibyśmy nikim. Co najwyżej jeszcze jedną umierającą z nudów zachodnią demokracją, jeszcze jedną postmodernistyczną republiką, w której głównym problemem jest wynajdowanie sposobów spędzania wolnego czasu, przeszczepy narządów oraz nieśmiertelność. Tymczasem z takimi sąsiadami dłużej zachowaliśmy człowieczeństwo w starym dobrym stylu. Świat wciąż nas zadziwia i nie doświadczamy nudy. Można powiedzieć, że jesteśmy Głupim Jasiem Europy, takim Głupim Jasiem z bajki, najmłodszym z rodzeństwa, dla którego świat to zagadka i kraina cudowności. Bo czym jest moja niemiecka podróż, jeśli nie wędrówką Głupiego Jasia w poszukiwaniu mądrości? Sto siedemnaście niemieckich miast i dwieście dwadzieścia poranków, gdy trzeba było wyruszać na dworzec. Tak, poranki człowiek powinien spędzać w Niemczech, gdy miasta budzą się do życia. Zapach kawy, zapach chleba, zaczyna się krzątanina, otwieranie, podnoszenie żaluzji, rozstawianie krzeseł, przecieranie blatów, z furgonetek wysiadają dostawcy w fartuchach, rodzice odprowadzają dzieci, właściciele przechadzają się z pasami, listonosze na żółtych rowerach rozwożą dobre wieści. Jest wiosna i w słońcu schną świeżo zmyte trotuary. Zawsze przechodziłem wskroś tego wszystkiego i podążałem na dworzec. Zawsze też chciałem zostać. Przysiąść gdzieś w Regensburgu albo w Ulm między ósmą a dziewiątą i pijąc kawę, patrzeć, jak Niemcy budzą się do życia. Po prostu wstają i zaczynają dzień tak jak wczoraj, przedwczoraj, sto i dwieście lat temu. Powtarzają spokojne gesty swoich ojców, dziadków, powtarzają stare niemieckie gesty, bez których nie może zacząć się żaden dzień, bez których żaden poranek nie ma sensu. Idąc na dworzec w bawarskiej, wirtemberskiej, nadreńskiej albo brandenburskiej pipidówce, przyglądałem się, jak nadają formę swojemu życiu, jak porządkują chaos, jak próbują zapanować nad obłędem człowieczeństwa. Filiżanki i solniczki, obrusy i kwiaty, meble, które sprawiają wrażenie, jakby stały na swoich miejscach od zawsze. Kelnerzy i konduktorzy z tą swoją statecznością i solennością, wąsaci faceci w kombinezonach wyładowujący ze swoich kombi skrzynki z narzędziami, gliniarze schodzący ze służby i policjantki z pomalowanymi paznokciami i pistoletami na pośladkach, emeryci nad poranną herbatą i gazetą, dzieciarnia wędrująca do szkoły, oni wszyscy, całe Niemcy rano, to jest powolny, spokojny rytuał, który chroni świat przed katastrofą, przed wykolejeniem, przed zagładą. Tak było w Crailsheim – moim pierwszym w życiu niemieckim miasteczku, i tak jest w Berlinie przy Stuttgarter Platz, gdzie z okna kawiarni można patrzeć na plac zabaw dla dzieci, na piaskownicę i huśtawki, a o dziesiątej rano wiosną wszystko wygląda jak bukoliczny eden w środku gigantycznej i wszystkożernej metropolii. Co parę minut górą przetacza się esban, ale tutaj, w dole, w cieniu nasypu życie naśladuje utopię. Wiele razy przyglądałem się temu z okna na pierwszym piętrze w tym narożnym budynku z hiszpańską knajpą na parterze. Wychodziłem rano i piłem kawę w kawiarni po drugiej stronie ulicy. O dziesiątej nie było wolnych stolików. Wszyscy wyglądali tak, jakby zasiadali tutaj od dziesięcioleci. A kobiety i mężczyźni z dziećmi na placu zabaw wyglądali tak, jakby te dzieci nigdy nie miały dorosnąć, bo idealny obraz mógłby wtedy ulec zagładzie. No więc stałem sobie na balkonie i patrzyłem. O dziewiątej, o dziesiątej rano. Patrzyłem i rozmyślałem o Niemczech jako kraju formy. Ach – powtarzałem sobie w duchu – gdyby nie forma, nie bardzo byście wiedzieli, co zrobić ze swoim

niemieckim istnieniem. Niemieckość rozerwałaby
was na strzępy. Czysta niemieckość zagoniłaby was
w kozi róg człowieczeństwa, stawiając wam pytania, na które nie ma odpowiedzi. W tamtych czasach, w czasach Stuttgarter Platz, rzucałem palenie i antropologiczna egzaltacja była dla mnie czymś
codziennym. Sześć lat wcześniej w Crailsheim nie
stawiałem żadnych pytań. Paliłem bez przerwy i bez
przerwy popijałem jima beama. Crailsheim było
taką samą dziurą jak moje powiatowe Gorlice. A ja
czułem się, jakbym przyjechał przynajmniej na jakieś przedmieścia wielkiego świata. Pierwszy raz
w życiu jadłem wtedy rukolę. Rano siwowłosy księ-
garz, który zaryzykował moją wizytę, odprowadzał
mnie na dworzec. Mieliśmy trochę czasu, ale ani on
nie mówił po polsku, ani ja po niemiecku. Co mog-
liśmy zrobić? Nazywaliśmy w swoich językach drzewa rosnące obok stacji: To jest brzoza. To jest sos-
na. To jest dąb. Była dziesiąta rano i jechałem do
Norymbergi, gdzie miałem się przesiąść. Nazywaliśmy te drzewa, stojąc na pustym peronie. Uczyli-
śmy się nazw. Świat zyskiwał formę. Przez te dwadzieścia minut oczekiwania robiliśmy ze światem
porządek i to sprawiało nam ulgę, a może i przy-
jemność. Potem nadjechał pociąg, wsiadłem, po-
machałem staremu księgarzowi i odjechałem, by

już nigdy nie powrócić do Crailsheim. Ale za to po godzinie miałem przesiadkę w Norymberdze. W tamtym czasie „Norymberga" robiła na mnie jeszcze wrażenie. To było jedno z paru podstawowych słów, jakie włączały się w słowiańskim umyśle na hasło „Niemcy". Wtedy, chociaż miałem ledwie parę minut, wyszedłem z dworca, by zaciągnąć się norymberskim powietrzem, by zakosztować choć na chwilę norymberskiej atmosfery. Nie pamiętam jednak, dokąd jechałem potem. Mogę sobie natomiast przypomnieć, że przed dwoma laty w listopadzie Eintracht grał z Arminią Bielefeld i na dworcu we Frankfurcie snuli się pijani kibice. Pili piwo z plastikowych kubków, ryczeli na całą halę, stawali w kręgach, obejmowali się za ramiona i odprawiali swoje obrzędy. Łysi, brzuchaci, obwieszeni fetyszami, z półprzytomnym wzrokiem snuli się wśród popołudniowego tłumu. Piwo lało się im na spodnie. Ryczeli hymny i hasła. Brakowało im tylko hełmów z rogami. Wiedziony przywiezionym z ojczyzny instynktem stanąłem sobie z boku, wolałem nie odpowiadać na pytania w rodzaju: „Jesteś za Arminią czy Enitrachtem?". Ale oni żyli w swoim świecie. Reszta ich nie obchodziła. Ryczeli i przytulali się. Nikt nie zwracał na nich uwagi. Kołysali się z boku na bok jak niedźwiedzie w niewoli. Pewnie tańczyli.

Potem nadjechał pociąg i wszyscy wsiedli. Ja też, bo jechałem do Moguncji. Rozeszli się po wagonie, chwycili poręczy, znieruchomieli i ucichli. Trzymali swoje plastikowe kubki z piwem i pilnowali, by nie chlapnęło na podłogę. Przestali być kibicami i zamienili się w pasażerów o nieco debilnym wyglądzie. Ci bardziej zmęczeni przysiadali obok matek z dziećmi i urzędników w garniturach. Przysypiali i podzwaniali łańcuchami. Tak więc jechałem do Moguncji i rozmyślałem o niemieckim poczuciu formy. O tym, że można być najpierw kibicem, a potem pasażerem. Zapewne gdy ci przysypiający chłopcy wcielali się rolę kibiców, należało się trzy razy zastanowić, czy wchodzić im w paradę. Ale teraz po prostu drzemali wśród urzędników, matek i uczennic. Jechałem do Moguncji i przypominałem sobie naszych słowiańskich kibiców, którzy nie zaprzątali sobie głowy formą, tylko szli przed siebie jak pożoga, niosąc zniszczenie, pogardę dla obywatelskiego społeczeństwa oraz nagą przemoc wymierzoną we wszystko, co staje na ich drodze i nie rzuca się do ucieczki. Przecież żadna polska matka nie chciałaby dzielić z kibicem nie tylko siedzenia, ale nawet wagonu, nawet całego długiego pociągu. W drodze do Moguncji zaczynałem pojmować, czym się różnimy – Słowianie i Germanie. Różnimy się stosunkiem do formy. Germanie chcą ją doskonalić, Słowianie nieustannie pragną się jej pozbyć, jedną zamienić w drugą, porzucić obecną w nadziei, że następna będzie wygodniejsza. Tak, kibice Eintrachtu otworzyli mi oczy. Germanie udoskonalali swoje kolejne role i wcielenia, a Słowianie swoje porzucali wiedzeni kaprysem, rozczarowaniem albo i bez powodu. Po prostu musiałem o czymś myśleć w tych wszystkich pociągach. W Polsce pewnie gapiłbym się w okno i lekkomyślnie poddawał nastrojom. Między Frankfurtem a Moguncją, między Monachium a Hamburgiem próbowałem pożytecznie spędzać czas. „Jeśli już cię zapraszają, to przynajmniej trochę o nich rozmyślaj" – powtarzałem w duchu, żeby się zdyscyplinować. „Myśl o nich. Oni lubią, jak się o nich rozmyśla. Może Francuzom i Anglikom jest już to obojętne, ale Niemcom jeszcze nie". Tak więc nie byłem pewien, czy zależy im akurat na moim rozmyślaniu, ale jednak rozmyślałem pomiędzy jednym a drugim zdarzeniem, pomiędzy jednym i następnym występem przed publicznością. Któregoś dnia w Konstancji po prostu nie przyszedł nikt. Sala była duża, jasna i pełna pustych krzeseł. Na czterech z nich zasiedli organizatorzy oraz personel literaturhausu. To był bardzo miły, kameralny wieczór. Jak przychodzi ze dwieście osób, to wcale nie jest lepiej. Robi się duszno, ci, co siedzą z tyłu narzekają, że nic nie słychać. Poza tym pośród dwustu Niemców zawsze znajdzie się więcej Polaków niż pośród czterech, a jak przychodzą Polacy, to chcą rozmawiać o Polsce i zakrada się pewna familiarność, która kończy się opowiadaniem polskich kawałów przed niemiecką publicznością. Albo narzekaniem na bieżącą politykę oraz na wybrańców narodu. Jednego i drugiego lepiej unikać. Zwłaszcza tego narzekania, bo Niemcy bardzo lubią, jak można narzekać na kogoś innego niż oni. Ja ich doskonale rozumiem, bo chyba na nikogo tak się nie narzekało jak na nich. W dodatku nie bardzo mogli się odszczeknąć, bo fakty były raczej przeciwko nim. Jeszcze na Rosjan sporo się narzekało i narzeka, ale nie wiedzieć dlaczego, to narzekanie jest niezbyt politically correct. Takie można odnieść ogólne wrażenie. Tak jakby miliony ofiar w sowieckiej Rosji i na terenach przez nią okupowanych były jakieś trochę mniej ważne, trochę nie bardzo, a może trochę na niby. Z jakichś powodów Rosja ma lepiej, ma trochę jak małe dziecko, któremu więcej się wybacza, bo jednak jest trochę dziecinne i nie do końca jest człowiekiem. Albo trochę jak niedorozwinięty. Na mój kraj też się narzeka, ale nie tak znowu bardzo, bo nigdy nie mieliśmy takich możliwości, takiej fantazji ani takich środków jak nasi dwaj szanowni sąsiedzi. Ja sobie nawet tak po cichu myślę, że oni, sąsiedzi znaczy, mają do nas trochę pretensji o to, że nie nagrandziliśmy tyle co oni i że teraz odgrywamy jedynych niewinnych na wschód od Renu. I również po cichu sobie myślę, że jakbyśmy, historycznie rzecz biorąc, działali z nieco większym brakiem umiaru, jakbyśmy sobie tutaj wymyślili jakieś psychopatoideolo, a potem je zrealizowali, to jednak mielibyśmy łatwiej. Jakbyśmy sobie sami puścili z dymem piętnaście procent społeczeństwa, a następne piętnaście na przykład zamorzyli głodem, to nasze sąsiedzkie stosunki wyglądałyby znacznie lepiej. Takie są moje intuicje. Ostatnio telewizja ZDF ogłosiła wyniki sondażu i tam wyraźnie wyszło, że co czwarty Niemiec nie lubi Polski. Druga na liście była moja ulubiona Rumunia, ale Rumunii nie lubi tylko jedenaście procent obywateli Bundesrepubliki. Tak więc do nas należy absolutny rekord. Ja nawet nie pytam, za co nas ci Niemcy nie lubią, bo to pytanie nie ma specjalnego sensu. Oni nas nie lubią, bo mają potrzebę, żeby siebie trochę bardziej lubić. Nie mam natomiast wiadomości o sondażach w Rosji. Nie wiem nawet, czy Rosja w jakichś nas ujmuje i czy w ogóle zaczęła nas już traktować jak oddzielny kraj.

No tak. Znowu zeszło na politykę, a tego chciał-
bym bardzo uniknąć. Ostatnimi czasy nacisk po-
lityczny w Polsce nieco się nasilił. Rządzą tacy, którym się wydaje, że poza polityką nie ma życia. Dla
nich zresztą rzeczywiście nie ma. Niby tacy spryt-
ni i odważni, ale jak mieli do Niemiec pojechać, to
jeden dostał sraczki ze strachu. Zdaje się, że pre-
zydent. „Dolegliwości gastryczne" – tak to ogłosili
ludowi w telewizji i gazetach. Na szczęście kolej
rzeczy jest taka, że ci od polityki gdzieś zaraz prze-
padną, a my, lud, zostaniemy, ponieważ lud nie do-
staje sraczki z byle powodu. W każdym razie chciałem powiedzieć, że chociaż jestem Polakiem, to na
spotkania, na które jeżdżę, przychodzi chyba inny
procent niż ten z sondażu. Tylko parę razy zda-
rzyło się, że ktoś wstawał i pytał dramatycznie:
„Kiedy w końcu wasi homoseksualiści nabędą peł-
nię praw?". Wtedy równie dramatycznie odpowiadałem: „Ten dzień jest już bliski". Albo pytano:
„Kiedy w końcu przestaniecie kraść nasze samochody?". Odpowiadałem zgodnie z własnym prze-
konaniem: „Raczej nieprędko. Przecież nie będzie-
my kradli białoruskich". No, ale to były incydenty.
Na ogół mojej publiczności chodziło o literaturę.
Przychodzili posłuchać i potem już nie pytali
o homoseksualizm, feminizm i tak dalej. Nie pytali

nawet o Jedwabne. Naprawdę słuchali tekstu. Słuchali, jak myśli kogoś obcego brzmią w ich języku, a ja zastanawiałem się, na ile te myśli mogłyby być ich własnymi. Zastanawiałem się, czy niemiecki przybliża mnie do nich, czy oddala, czy po niemiecku moje słowa i myśli są tak samo dziwne i nieznane jak mój kraj, czy też wręcz odwrotnie. Siedzieli w ciszy i bez ruchu po kilkadziesiąt minut. W ich słuchaniu było coś nieustępliwego, coś ostatecznego. Tutaj nie było żartów. Tutaj Luter tłumaczył Biblię. Słowo w Niemczech to poważna sprawa. Kto wie, może nawet mnie udzielała się ta powaga? Może sam zaczynałem traktować poważniej to, co napisałem, tym bardziej że w niemieckim przekładzie było o jedną czwartą dłuższe. We Fryburgu trzeba było trochę uważać ze słowiańską beztroską, a we Friedrichshafen powściągać autoironię. W niektórych miejscach były bilety. Oni wszyscy, ci ludzie z miast, miasteczek, albo i ze wsi, kobiety i mężczyźni, starzy i młodzi przychodzili, by czegoś się nauczyć, by zdobyć jakąś wiedzę, by wyrobić sobie pogląd. Niewykluczone, że przychodzili sprawdzić, czy nie kłamię. Albo po to, by zbadać, czy moje człowieczeństwo jest podobne do ich człowieczeństwa. Albo też po to, by zaspokoić potrzebę obcowania z odmiennością. Patrzyliśmy na siebie z zainteresowaniem podszytym niepewnością. Dla wielu z nich, może dla większości, byłem pierwszym Polakiem, jakiego widzieli w życiu. W dodatku nie byłem ani robotnikiem rolnym, ani budowlanym, ani mitycznym złodziejem uprowadzającym na wschód beemki i mercedesy. Oni też byli moimi pierwszymi Niemcami. W końcu tak naprawdę jedyni Niemcy, których znam, to moi czytelnicy. Znam jeszcze paru innych, ale to nie są Niemcy, tylko znajomi albo przyjaciele. Poza czytelnikami nie poznałem żadnych. Jeśli oczywiście nie liczyć pasażerów pociągów, podróżnych na dworcach i lotniskach. Ich widywałem częściej niż czytelników i widywałem ich więcej, ale niewiele o sobie wiedzieliśmy. Ja miałem tę przewagę, że wiedziałem, kim są. Oni natomiast nie wiedzieli, kim jestem ja. Mogli podejrzewać, że nie jestem jednym z nich, mogli podejrzewać, że jestem na przykład wysokim Turkiem, ale nie mogli zgadnąć, kim jestem naprawdę. Natomiast ja patrzyłem na nich i wiedziałem: jesteście Niemcami. Wszyscy, prawie wszyscy w pociągach i na dworcach. Miałem o nich tę zasadniczą, podstawową wiedzę, której oni nie mogli mieć o mnie. Czułem się jak szpieg. Obserwowałem ich, rozmyślałem o nich i – gdy miałem nastrój – robiłem nawet notatki.

Lubiłem patrzeć, jak na starość ich twarze zaczynają przypominać obciągnięte skórą czaszki. Jakby rzeczywiście byli spełnieniem jakiejś antropologicznej halucynacji. Wnikałem w ich niemieckość. Jechałem srebrnym ICE z Dortmundu do Berlina, sączyłem jima beama, bazgrałem w notesie, patrzyłem na zielone równiny, na lesiste wzgórza Harzu i mogłem do woli rozmyślać o niemieckości. O Fryderyku I Barbarossie i o wspomnieniach mojego ojca, który pamiętał z dzieciństwa, że we wsi stacjonowało wojsko i żołnierze swój przydziałowy chleb wymieniali na mleko i byli dobrzy. Tak że wieś nawet żałowała, gdy któregoś świtu odeszli – to był czerwiec 1941, wieś leżała nad samym Bugiem. O samochodzie DKW, którym jeździł mój wujek, a potem o jego P70 – niewykluczone, że to były pierwsze ślady niemieckości, jakie pojawiły się w moim życiu, chociaż chyba nawet nie miałem pojęcia, że DKW i P70 są niemieckie. To były po prostu pierwsze auta, którymi jechałem. Po drodze z Heilbronn do Frankfurtu mogę o tym wszystkim rozmyślać w kosmicznym wagonie ICE i przyglądać się jednocześnie pasażerom, jak ciągną za sobą walizki na kółkach i w skupieniu wpatrują się w elektroniczne wyświetlacze w poszukiwaniu swoich miejsc i rezerwacji. Przesuwają się ostrożnie ze śmiesznie zadartymi głowami. Czasami przymykam lekko oczy i wtedy ich sylwetki stają się niewyraźne, rozmyte. Na miejscu obok, jeśli nie jest zarezerwowane, kładę jakieś rzeczy, bo nie chcę, by ktoś się dosiadł. Wcale nie pragnę ich bliskości. Chcę, by ich postacie mieszały się z moimi myślami, ze wspomnieniami o samochodach wuja i z opowieściami mojej babki: Już miała umrzeć, już stała pod ścianą, ale oficer z jakiegoś powodu się rozmyślił, schował pistolet i poszedł sobie. Chcę, by nałożył się na to rozmazany prędkością pejzaż ze strzelistymi wieżami na horyzoncie i niewyraźne obrazy starych miasteczek o czerwonych dachach, chcę, żeby to wszystko wymieszało się i zamieniło w jakiś zrozumiały obraz: Moja babka pod ścianą własnego domu, srebrny ICE, Axel z termosem kawy na drezdeńskim dworcu, Klaus Kinski w *Fitzcarraldo*, Bruno S. w *Stroszku*, chleb za ciepłe, świeżo udojone mleko, pięćset tysięcy używanych golfów na polskich drogach, bitwa pod Grunwaldem, starzy ludzie w Polsce powtarzający jak automaty: „Panie, za Niemca to był porządek", napisy na murach w moim powiatowym mieście: „Gdyby Hitler żył, byłaby praca", a do tego jeszcze „Meine liebe Augustin" oraz „Śmierć jest mistrzem z Niemiec...". Dziesiątki tysięcy kilometrów w poszukiwaniu zrozumiałego obrazu, w poszukiwaniu fatamorgany. Gdzieś za Göppingen, tuż przy linii kolejowej, były ogródki działkowe. Na wąskim pasku między szosą a torami stały jakieś komórki, klatki, skrzynki, przybudówki i wśród tej rozpaczliwej architektury rozciągały się uprawne spłachetki, zagony, grządki, pięć na pięć metrów, dziesięć na dziesięć, nie więcej, bo też ten pasek ziemi między torowiskiem a asfaltem wcale nie był szerszy. Kawałek dalej piętrzyła się geometryczna bryła Aldiego, ale tutaj królował chaos, rozpierducha i prowizorka jak w upadłych kołchozach Europy Środkowo-Wschodniej. Nie mogłem oderwać oczu i zaraz zapisałem sobie to wszystko w notesie. Pociąg zwolnił i tuż za oknem zobaczyłem starego, otyłego mężczyznę. Wyprostował się znad grządki i poprawiał opadające spodnie pięć metrów od wolno przesuwających się okien wagonów. Oczywiście jechałem do Stuttgartu, żeby podczas przesiadki kolejny raz poczuć nostalgię za bukareszteńskim Gara de Nord. Wcześniej, chyba w Eislingen, też przy samych torach stała spora cerkiew całkiem w bałkańskim guście. Może te ogródki należały do Serbów albo Czarnogórców? Nigdy się tego nie dowiem. To był ten dzień, gdy jechałem do Hamm, by w nocy mieć wizję dwóch strzelistych i świetlistych wież kościelnych. Następnego dnia wracałem i w Schwerte wsiadło dwóch rumuńskich Cyganów. Mieli akordeon i trąbkę. Słyszałem, jak się naradzają. Zaczęli grać. Trębacz jako tłumika używał połówki plastikowej butelki po coli. Byli inteligentni i wcale nie grali cygańskiej muzyki. Tutaj były Niemcy, więc w mechanicznie doskonały i obojętny sposób jechali rosyjską *Kalinkę*. Potem zaraz było chyba Hagen i już wysiadali. Dałem im dwa euro. Przyjechali pewnie gdzieś z Wołoszczyzny, raczej nie potrafili czytać, ale natychmiast załapali, jaką estetykę preferują obywatele Nadrenii Północnej-Westfalii. Z drugiej jednak strony grali tylko dla mnie, bo wagon był pusty. Widziałem, jak stoją na opustoszałym peronie i wyglądają pociągu, który z powrotem zabierze ich do Schwerte czy gdziekolwiek. I szczerze mówiąc, sam czułem się jak Cygan z Wołoszczyzny. Zabawiałem publiczność, brałem kasę i rankiem wyglądałem pociągu. Wpatrywałem się w zbieżną perspektywę szyn. Tak, byłem trochę lepiej ubranym Cyganem i miałem wyczyszczone paznokcie. W plecaku wiozłem swoje książki i ktoś zapłacił za mój bilet, więc nie musiałem się tak jak oni obawiać kanarów. A potem zapomniałem o wszystkim, bo zaraz była już wuppertalowska kolejka nadziemna, której przęsła wyglądały jak ciało gigantycznej modliszki, ale to też trwało zaledwie minutę, otwarcie drzwi, zamknięcie i dalej, i dalej na północ, i jak zwykle Kolonia, Bonn, Koblencja, Wiesbaden, Moguncja i Frankfurt. Jak zwykle Frankfurt Hauptbahnhof: zapach frytek, kebabów, kawy i wagonów restauracyjnych. Zapach gorącego powietrza. Pod sklepieniem żyły gołębie. Zawsze mnie ciekawiło, czy opuszczają dworzec, czy też żyją aż do śmierci w jego cieniu i nie znają reszty miasta ani świata. Po lewej, trochę już w cieniu, była ta perwersyjna kolejka pod szkłem. Maleńkie wagoniki i lokomotywki mknęły przez miniaturowy krajobraz. Tunele, mosty, rozjazdy, zwrotnice, stacyjki, wszystko wypieszczone i delikatne, że tylko wziąć w palce. Bajkowa idylla dróg żelaznych. Epifania wieku pary i elektryczności. Lecz wystarczyło zbliżyć się do tej wielkiej poziomej gabloty na odległość dwóch kroków, a wszystko zamierało. Natychmiast się zatrzymywało jak w jakiejś kinetycznej utopii. Trzeba było wrzucić monetę, by na powrót ożyło na minutę czy dwie. Rodzice z dziećmi omijali ten zakamarek szerokim łukiem. Tak, nigdy nie widziałem tam nikogo z dzieckiem. Za to sam z pewnej odległości często przyglądałem się lilipuciej kolei. Wyobrażałem sobie samego siebie na tych maleńkich dworcach, wyobrażałem sobie własną ledwo widoczną postać stojącą na miniaturze peronu w oczekiwaniu na minipociąg, który powiezie mnie w miniliteracką podróż do miniliteraturhausów z minipublicznością. Właściwy dworzec i właściwe Niemcy czasami wydawały się trochę za duże i umysł potrzebował schronienia. Spacerując wzdłuż peronów, zastanawiałem się, gdzie umierają gołębie, gdzie spoczywają ich lekkie jak puch szkielety. Albo wyobrażałem sobie, że ktoś z góry przygląda się mi tak samo, jak ja przyglądam się kolejce pod szkłem. Od czasu gdy przestałem palić, musiałem używać skomplikowanych metod, umysł trwał w chwiejnej równowadze. Kiedyś po prostu czekałem na pociąg i paliłem jednego za drugim. I bardzo mi się podobało, że Niemcy palą, stojąc pod napisami, które palenia zabraniają. To była jedna z pierwszych obserwacji, która kazała mi podjąć wewnętrzną polemikę ze stereotypami. Stali pod „Rauchen verboten" i palili. W latach dziewięćdziesiątych. Palili i kiepowali na podłodze. Rozdeptywali obcasami na posadzce. I to wcale nie lumpy, normalni obywatele w garniturach, ze skórzanymi teczkami i w ogóle. Bardzo mi się to podobało. Ten zgoła niegermański anarchizm. Dzieliłem się tą nowo nabytą radosną wiedzą z niemieckimi przyjaciółmi. „To nie anarchizm – odpowiadali. – Im się po prostu nie chce przejść tam, gdzie nie jest verboten". Bardzo mi się też podobało, że kupują sobie w dworcowych kioskach takie małe setkowe flaszki i wypijają w samotności, patrząc obojętnie gdzieś przed siebie, jakby jedli loda. Na przykład w drodze do biura o siódmej trzydzieści rano, w długim eleganckim płaszczu, z nieodłącznym neseserem oraz w złotych okularach. W latach dziewięćdziesiątych to mi imponowało. Taka oczywistość ludzkich potrzeb i humanistyczny stosunek do – było nie było – słabości. Kiedyś – ale to chyba jednak było w Austrii, gdy musiałem rozmienić tamten pięćseteurowy banknot w supermarkecie o świcie – widziałem wśród półek mężczyznę o wyglądzie statecznego urzędnika. Zatrzymał się w dziale z napojami, wybrał ulubione piwo, otworzył i wypił duszkiem. Odczekał chwilę, by się upewnić, że organizm nie zaprotestuje, i następnie udał się do kasy, żeby zapłacić. Tak, taka otwartość mi imponowała. Od razu było widać, że obywatele tutaj czują się u siebie, że to jest ich kraj, ich supermarket oraz ich własne życie, z którego nie muszą się nikomu tłumaczyć. Picie i palenie wydawały się czynnościami bardziej humanistycznymi. W tych wszystkich literackich miejscach zawsze mnie pytali, czego będę potrzebował, i gdy prosiłem o popielniczkę i butelkę czerwonego wina, zawsze dostawałem. Piłem i paliłem, i nie było w tym żadnego ekscesu. U nas zaraz o tym piszą gazety: „Podczas spotkania pił i palił". Najbardziej lubiłem papierosy Rote Hand. Tak było w Berlinie w 1994. Germańska wersja pall-malli bez filtra.

Paliłem pierwszego po przebudzeniu i kręciło mi się w głowie. Wstawałem, zapalałem i patrzyłem przez okno. W latach dziewięćdziesiątych w Niemczech zawsze od tego zaczynałem dzień. Jeszcze na początku dwutysięcznych tak było. Paliłem, patrzyłem przez okno i podejmowałem decyzje w stylu: jednak śniadanie czy jednak drink, czy może drink i zaraz potem śniadanie? Najbardziej lubiłem, gdy za oknem padał deszcz. Deszcz w jakiś niewytłumaczalny sposób zwalniał mnie z odpowiedzialności. Deszcz do końca odbierał Niemcom realność. Porzucałem banalną myśl o śniadaniu i powtarzałem w myślach: „Ach, cóż to byłby za kraj, gdyby nieustannie w nim padało. Gdyby bez przerwy padało na owadzie przęsła kolejki w Wuppertalu, na błotnisty plac w Bingen, na pasy startowe Tempelhof, na zielone mundury glin, na granatowe kolejarzy, na żółte wózki listonoszy, na parasole organizatorów spotkań, na srebrne grzbiety pociągów ICE, na bruk, na asfalt, na cały kraj, na wszystko". Taką miałem wizję: Niemcy w deszczu. Nie wiem, skąd mi się to wzięło. Może przeczuwałem, że deszcz rozmyje i rozmaże ostre kontury tego kraju, i nada mu nieco słowiańskiego liryzmu? Że go trochę rozmamła, rozkrochmali, że narobi błota, zacieków i kałuż. Że czarni, greccy, bałkańscy i środkowoeuropejscy taksówkarze w kremowych mercach będą wzbijać na ulicach radosne fontanny, nie bacząc na te wszystkie garnitury za tysiaka i kiecki za ich dwie taryfiarskie pensje. Jednym słowem, miałem – zdaje się – antropologiczną wizję wód, które przywracają pierwotny porządek, przedwieczną harmonię oraz równość i braterstwo. Wyobrażałem sobie, że w deszczu trudniej być Niemcem, a znacznie łatwiej Polakiem. Nie wiem, skąd brały się te intuicje, ale często pomagały mi w trudnych sytuacjach. Podobnie jak wizja Gara de Nord, wspomnienie Lindenstrasse i cytat z Rolfa Jansena.

Bo przecież nie przypadkiem cały ten nowy Berlin, okolice Reichstagu, Hauptbahnhof i placu Poczdamskiego wyglądają jak przejrzyste podwodne miasto. Wszystko jest tam szkliste, fatamorganiczne i pozbawione ciężaru. Jeśliby otworzyły się upusty nieba, właściwie nie stałoby się nic nadzwyczajnego. Ta akwarystyczna, czy też akwaryjna okolica po prostu wypełniłaby się treścią, spełniając własne przeznaczenie. Tak. Sześcian Hauptbahnhof powinien wypełnić się wodą aż po dach. I maleńkie, kolorowe figurynki pasażerów Deutsche Bahn, niczym gupiki, danio i skalary, niczym kochankowie z jakiegoś akwatycznego Chagalla, powinny sennie i łagodnie unosić się wśród ciepłych prądów. I tak samo w Sony Center i pod kopułą Reichstagu. Dwa tygodnie temu spacerowałem w tamtych okolicach. Niemcy zmieniały skórę jak wąż. Trawa i drzewa nad Szprewą były nowe jak ze sklepu. Wielkie przestrzenie, światło, powietrze i wodotryski. Wszystko miało być inaczej i od nowa. Miało wyglądać na jakąś Brasílię bez monsunów, piranii i robactwa. Podobało mi się. Szedłem wieczorem po flaszkę na dworzec i czułem się jak chwilowy mieszkaniec, jak spacerowicz w Utopii. Niemcy mówiły: „Już się nas nie bójcie, w razie czego ulecimy w powietrze albo popłyniemy z prądem wód". Tak to miało działać i zdaje się działało. Na placu Poczdamskim było jak w dekoracjach do postekspresjonizmu, jakby jakiś post-Fritz Lang sobie to wymyślił. Dwa dni tak spacerowałem. Po jedenastej w samoobsługowym na Haupt wszyscy mówili po rosyjsku. Wychodziłem na Pariser Platz, w lewo, przez Bramę Brandenburską, w prawo, koło Reichstagu, i już prosto wśród wodotrysków mostem na drugą stronę rzeki. Tak robiłem. W moim minibarze miniflaszka walkera wielkości korka od wina kosztowała dziesięć euro. Wszystko ma swoje granice. Słuchałem rosyjskiego w nocnym sklepie Cesar i kupowałem 0,7 beama za prawie tyle samo. Spacerowałem, wracałem na swoje szóste piętro do pokoju 609, otwierałem okno i wdychałem powietrze. To było dość drogie, nawet jak na Berlin, powietrze, bo wychodziło coś trzysta pięćdziesiąt euro za noc wdychania. Płacił niemiecki MSZ. To nie było złe miejsce, ale jednak na dworzec mogłoby być trochę bliżej. Pięć rodzajów szamponu i boazeria z ciemnego drewna. Właściwie prawie nic nie musiałem robić. Przechodziłem do sąsiedniego budynku, siadałem na krześle i słuchałem przemówienia Carlosa Fuentesa. Bardzo inteligentnie przemawiał o współczesnym świecie. W marynarce, z wąsami, i w ogóle. Ja nie miałem za wiele do powiedzenia. Jak zwykle przyjechałem dla kasy. Przywiozłem parę kartek jakiegoś starego tekstu, ale to były głównie narzekania i szukanie dziury w całym. Generalnie o tym, że my tu na Wschodzie jesteśmy Cyganami i żeby od nas za wiele nie wymagać, bo

Europa ma być domem dla wszystkich Europejczyków, więc dla nas, Cyganów europejskiego zjednoczenia, też jak najbardziej. Na szczęście miałem czytać dopiero nazajutrz, w mniejszej sali i przed publicznością w trochę tańszych garniturach. Reszta czasu należała do mnie. Szmuglowałem więc do pokoju numer 609 bourbona z dworca oraz piwo w nieekologicznych puszkach. No i chodziłem, bo lubię chodzić po Berlinie jak po mało którym mieście. Przed Bramą Brandenburską stała para zabawiająca za pieniądze międzynarodową gawiedź. Ona miała sowiecką flagę z sierpem i młotem, a on amerykańską. Za parę euro turysta mógł sobie założyć na głowę amerykańską albo sowiecką wojskową czapkę i pstryknąć fotę. Zdaje się, że był to jakiś wysoce masochistyczny przekaz niemieckiej podświadomości. Wprawdzie dla pieniędzy, ale jednak eksponowano bezwstydnie własną klęskę i upokorzenie w samym centrum stolicy oraz całego państwa. Stałem, przyglądałem się rozradowanym japońskim turystom w wielkich, spadających na oczy czapach sowieckich lejtnantów i wyobrażałem sobie, że oto uczyniono jeszcze jeden wysiłek i obok blondyny z sowieckim sztandarem stoi ktoś trzeci, taka sama blondyna na przykład, i trzyma czarno-biało-czerwoną flagę ze swastyką oraz oferuje w charakterze nakrycia głowy czarną czapkę SS, albo chociaż hełm Wehrmachtu. Bo jeśli się mówi „a", to trzeba powiedzieć „b", i jeśli jest maso, to jednak powinno się dodać trochę sado. Właściwie to ta blondyna mogłaby trzymać obydwa sztandary – sowiecki i faszystowski – i zarabiałaby dwa razy więcej. Tak, Pariser Platz w tamtych dniach pełen był zdarzeń. Drugiego czerwca o dziewiątej rano pod siedzibą Commerzbank na chodniku siedziało dwunastu anarchistów. Mieli skute z tyłu ręce. Pilnowało ich dwudziestu czterech gliniarzy w zielonych mundurach. Najbardziej podobały mi się policjantki. W wysokich butach, z bronią, w kaskach, stały w szerokim rozkroku i kiwały się w tył i w przód, jak w jakiejś właśnie sado-maso wizji. Po południu zapytałem niemieckiego ministra spraw zagranicznych, dlaczego dwudziestu czterech gliniarzy pilnuje dwunastu skutych anarchistów. Odpowiedział, że zapewne widziałem wszystkich gliniarzy i anarchistów Bundesrepubliki zgromadzonych w jednym miejscu i żebym sobie nie brał tego zbytnio do serca. A potem powrócił do stanu dyskretnej drzemki z otwartymi oczami, za pomocą której politycy radzą sobie, gdy muszą spędzić kilka godzin w towarzystwie ludzi naiwnych i niepoważnych. Ja tymczasem

101

czułem się jednak trochę winny, bo Commerzbank dorzucał się do tej całej imprezy, do przemówienia Fuentesa i do mojego pewnie też. Patrzyłem na skutych chłopaków i skute dziewczyny, na czarne, zarekwirowane przez gliniarzy sztandary i czułem się jak jakiś zdrajca. Często czuję się jak zdrajca, ale tam, drugiego czerwca na Pariser Platz, czułem się trochę bardziej. Żeby ukoić sumienie, ruszyłem ulicą Siedemnastego Czerwca na zachód. Zaraz za Bramą wzdłuż ulicy parkowały autokary. Z zarośli Tiergarten wynurzyły się trzy kobitki poprawiające sobie kiecki i gacie. Obserwowałem, do którego autokaru wsiądą. Stały niemieckie i jeden polski. Poszły do niemieckiego. Zaraz obok parkował anarchistyczno-alterglobalistyczny. Piętnastu wielkich gliniarzy obstawiało drzwi. Anarchole wychodzili zapalić, ale ani kroku dalej. Przez okna widziałem, jak gliny wchodzą do środka i legitymują. Dzieciaki wyjmowały dokumenty i trzymały w zaciśniętych dłoniach. Gliniarze wyrywali je ze złością. Trafiłem na oblężenie, ale nie było jasne, kto kogo oblegał. Kawałek dalej był ten monument. Sowiecki sołdat wyglądał tak jak na reszcie pomników porozstawianych po tej części kontynentu. Nie przypominał zwycięzcy. Raczej jakiegoś wiejskiego pyszałka, który rozpędził wesele.

Patrzył z tego cokołu wokół, ale niewiele rozumiał. I jeszcze sobie napisali na kamieniu, że to pamięci bohaterów lat 41–45. Tak jakby wcześniej nic nie było, jakby grzecznie siedzieli w domu, a nie rączka w rączkę z Hitlerem dzielili łupy. Za to lubiłem Berlin. Tutaj wszystko było widać jak na dłoni. I sado, i maso. Akcję i reakcję. Za plecami sołdata, co to niby wygrał, ciągnęło się miasto, które świadczyło raczej o tym, że ostatecznie przegrał. Jego wnukowie i prawnukowie kupowali w dworcowym sklepie Cesar tanią wódkę, piwo, papierosy i cieszyli się. Wcale nie byli do niego podobni. Przypominali resztę powiatowej, przedmiejskiej Europy: żel, kolczyki, dżinsy z dziurami zrobionymi w fabryce i buty w szpic albo dresy, adidasy i glaca. Przyjeżdżali, żeby się załapać. Robiłem to samo, tyle że w krótszych rundach i ktoś płacił za bilety. Cały świat zaczyna tak wyglądać: Trzeba gdzieś pojechać, żeby się załapać. Tak jakby na miejscu już nic nie było. Wszystko jest gdzie indziej. Cyganie, pisarze, murarze, Ruscy. Jak ktoś siedzi w domu, to znaczy, że umiera. Ze Wschodu na Zachód. W drugą stronę jeżdżą hipisi w poszukiwaniu oświecenia, wojska stabilizacyjne i okupacyjne, misje humanitarne i cwaniacy w garniturach węszący za tanią siłą roboczą oraz ewentualnymi rynkami zbytu dla jakiegoś badziewia. Zwykli szarzy ludzie jadą ze Wschodu na Zachód. Jak kiedyś Attyla, Czyngis-chan i Tamerlan. Takie myśli miałem nad Szprewą w postmodernistycznych, szklistych, świetlistych przestrzeniach. Na zielonym bezkresnym trawniku leżały cztery porzucone kolorowe hulajnogi. Kawałek dalej dzieciarnia grała w piłkę. Dochodziła północ. Berlin nie potrzebował snu. Wracałem na swoje szóste piętro z jimem beamem i browarami. Okno wychodziło na dziedziniec, panowała cisza. Prawie nie było słychać miasta. Musiałem sobie wyobrażać ten gigantyczny dźwięk, ten odgłos wielkiego bezsennego bydlęcia. Żeby przetrwać noc, próbowałem sobie przypomnieć jakieś podobne miejsce, w którym kiedyś byłem. Oczywiście przypomniał mi się Gara de Nord i hotel gdzieś w jego okolicach. Też był nie najgorszy – odprowadzałem tam Jurka Andruchowycza. I też był wieczór. Wjechaliśmy na jakieś czwarte albo piąte piętro. Poszliśmy do pokoju, który wyglądał wytwornie oraz nowocześnie. Otworzyłem okno i wyjrzałem. W dole, wśród jakichś ruin albo rumowisk, płonęło ognisko. Prawdopodobnie palili je bukareszteńscy Cyganie. Albo bezprizorna dzieciarnia żyjąca w okolicach dworca. Czułem zapach dymu. Chyba coś tam piekli, jakieś mięso, które kupili, ukradli albo upolowali. Cyganie albo bezprizorni. Tak. To zawsze pomagało: przenieść się gdzie indziej, chociażby w myślach. Być na miejscu i zarazem nie być. Załatwiać sobie przy okazji jakieś własne sprawy. Patrzeć na Niemców i myśleć o Ruskich. Leżeć na szóstym piętrze hotelu Adlon i przypominać sobie zapach pieczonego psa. Kiedyś zgubili mi bagaż na lotnisku. Obiecali, że jak się znajdzie, to przyślą. Podałem im adres i pojechałem w stronę francuskiej granicy. Do Offenburga, tam, gdzie mieli ten niby--automat z piwem w garażu. Czułem się tak, jakbym skądś uciekł i postanowił zacząć nowe życie: dokumenty, trochę kasy i nic poza tym. Nawet pary skarpetek. Przesiadałem się w Karlsruhe. Potem po prawej były dzikie łąki porośnięte janowcem. Zapamiętałem je na zawsze, bo wyglądały jak wyrwa w uporządkowanym pejzażu, jak dziura, przez którą ciągnie zimne i świeże powietrze. To chyba był jakiś rezerwat. Zostawiono kawałek ziemi w spokoju i to natychmiast było widać z okna pociągu, który grzał dwieście na godzinę. A ja bez torby czułem się właściwie wolny. Mogłem się w Offenburgu przesiąść na przykład do francuskiego pociągu i jechać do, powiedzmy, Brestu, na skraj kontynentu. Tak sobie wyobrażałem bycie Europejczykiem. Że przemieszczam się bez bagażu po swojej wielkiej ojczyźnie i ze spokojem patrzę, jak powoli przeciera się moje ubranie, jak się niszczy i w końcu spada ze mnie w jakimś Portimao albo i Porto Kagio. Oczywiście wolałbym, żeby spadło gdzieś w okolicach Sfântu Gheorghe, ale to było jeszcze w czasach, gdy Rumunia pozostawała poza granicami i trzeba było mieć paszport, podczas gdy ja miałem przy sobie tylko dowód. Jechałem doliną Renu i rozmyślałem nad ideą europejskości: Nie myć się, nie zmieniać ubrania i czuć się tak samo swobodnie i na miejscu od Charkowa po Lizbonę. Czuć się jak u siebie na wsi, chodząc cały boży dzień w przedwczorajszych gaciach. Tak sobie wyobrażałem wspólny europejski dom, europejską utopię. Jednak na miejscu spuściłem nieco z tonu. Kupiłem szczoteczkę, pastę i dezodorant. Rozważałem kupno gaci oraz podkoszulka. W sklepach klienci mówili po francusku. Strasburg leżał dziesięć kilometrów dalej na zachód. Po południu w recepcji czekała na mnie moja torba. Lufthansa odnalazła ją gdzieś w Nowej Zelandii i dostarczyła wraz z zieloną kartką, na której napisali, że bardzo im przykro i proszą o wybaczenie. No, pomyślałem, macie szczęście, że nie nabyłem jeszcze bielizny. W każdym razie następnego dnia rano wracałem. Była niedziela. Wypatrywałem dzikich łąk. W Karlsruhe wsiadł rekreacyjny tłum. Emeryci z kijkami do spacerowania, pstrokato poprzebierani cykliści, japońskie szczeniaki wyrabiające sobie pogląd na temat reszty świata oraz Europy. Wśród tej ciżby jechała para przed trzydziestką. Stali w korytarzu bardzo blisko siebie i patrzyli w okno. Czasami ich głowy zbliżały się, coś do siebie szeptali. Nie musiałem słyszeć słów, by odgadnąć, że są ze Wschodu. Nawet nie z Polski, bo na rodaków miałem po prostu węch. Gdzieś z Ukrainy, z Rosji, z Białorusi, stamtąd. Byli onieśmieleni i całkowicie pozbawieni ostentacji. Wydawało się jednak, że strach tak samo jak arogancja nie mają do nich dostępu. Ubrani z tą wzruszającą elegancją prowincjuszy wyruszających w szeroki świat nie mieli w sobie ani krzty śmieszności. W jakiś nieodgadniony sposób – chociaż było ich tylko dwoje – przypominali mi Świętą Rodzinę w drodze do Egiptu. Tak jak reszta młodych, pełnych nadziei par wyruszających ze wschodu albo południa, by ujść przed złym losem. Tamtego dnia, nie wiedzieć czemu, przypomniał mi się Hindus, może Pakistańczyk w pociągu jadącym o zmierzchu z Berlina w głąb postenerdowskiej nocy. Usiadł po drugiej stronie przejścia, dokończył opakowanie chrupek o jakże dowcipnej nazwie „Paprika korps", potem położył się na boku, zwinął w kłębek i natychmiast zasnął. Widocznie śmiertelnie zmęczony po długim, ciężkim dniu. Zrobił to po ludzku i zarazem w spokojny, zwierzęcy sposób. Zasnął. Zdaje się, że miał gdzieś wyzwania całej tej cywilizacji, która jak ognia lękała się okazywania zmęczenia i słabości. A potem przyszła konduktorka i go obudziła. Usiadł w półśnie i wyjął czarny wypchany portfel. Po pół minucie byłem pewien, że gra w gumę. Przeglądał uważnie zawartość pugilaresu, kwit za kwitem, świstek za świstkiem, papier za skrawkiem, a konduktorka czekała bez śladu zniecierpliwienia. Sercem oczywiście byłem z Pakistańczykiem albo Hindusem. Odkąd sięgnę pamięcią, nigdy nie byłem sercem z konduktorami. Wyobrażałem sobie, że jak pociąg w końcu stanie, to ten śniady senny gość raptem zmieni się w króla indyjskiej dżungli, w sprężystego drapieżnika, i jednym susem dopadnie otwartych drzwi. A ja niechcący podstawię nogę sympatycznej skądinąd urzędniczce kolei ruszającej w pościg. Po dwóch minutach mój bohaterski plan poszedł w zapomnienie. Facet spośród trzystu dwudziestu świstków i karteluszek wydobył kartonik ze srebrnym paskiem. Z uśmiechem podał go do kontroli i gdy dostał z powrotem, natychmiast zwinął się w kłębek i zasnął. Ale wtedy nie jechałem w głąb enerdowskiej nocy. Miałem samolot ze Stuttgartu. To był ten dzień, gdy niemiecki papież modlił się w Auschwitz. Do odlotu były ze dwie godziny. Snułem się po lotnisku i patrzyłem na telewizyjny przekaz. Patrzyłem na obóz, na baraki, na druty kolczaste, krematoria, na to wszystko, co telewizja jest w stanie pokazać. Patrzyłem, jak papież klęczy i się modli, a za nim w sporej odległości stoi nieporuszony tłum, jakby czekał, że ta modlitwa coś w końcu zmieni, że nareszcie coś się dzięki niej stanie. Chodziłem od monitora do monitora. Miałem dużo czasu, a na lotnisku było dużo monitorów i w każdym to samo. Przystawałem i patrzyłem. Czasami ktoś przystawał obok i też patrzył. Raczej ludzie starsi i raczej kobiety. Jedna, dwie osoby. Potem ruszały dalej. Może do następnego telewizora. Nie wiem. Niemiecki papież był samotny w Niemczech. Robił ważne rzeczy, zdaje się, że nawet najważniejsze, ale przystawały tylko starsze kobiety. Gdy nasz robił cokolwiek, przystawali prawie wszyscy, przynajmniej u nas. Tak, niemiecki papież miał znacznie trudniej. Klęczał w Auschwitz, a tutaj wszyscy szli się odprawić, nadać bagaż, sprawdzić, czy dolecą tam, dokąd kupili sobie bilety, i w ogóle jak to na lotnisku. Ja w końcu też tylko przystawałem, patrzyłem i odliczałem minuty do odlotu. Właściwie to się nawet cieszyłem, że on tam jest i robi to za mnie i za całą resztę. Sam kiedyś dojechałem pod bramę, ale wymiękłem. Stchórzyłem i tyle. Wróciłem do domu i powtarzałem sobie, że nie dam rady, że taki wrażliwy jestem. A on sobie dawał. Klęczał jako Niemiec oraz capo de tutti capi religii wszechogarniającej miłości bliźniego i przebaczenia, i jakoś się wyrabiał. Prawdopodobnie połowa tego tłumu za jego plecami uważała, że powinien leżeć. Ja chyba trochę też, ale i tak byłem mu wdzięczny, że klęczy w tym miejscu, gdzie ja po prostu wrzuciłem wsteczny i wykręciłem. Na stuttgarckim lotnisku było ze dwanaście monitorów i cierpliwie chodziłem od jednego do drugiego, jakbym obchodził coś w rodzaju dwunastu stacji Męki Pańskiej, jakbym z tym klęczącym starym Niemcem mówiącym po polsku drogę krzyżową odprawiał. Na srebrnoszarym, szklanym, pachnącym gównianą pizzą, syntetyczną kawą i oszukanym kebabem lotnisku z odlotami do wszystkich diabłów, do stu krajów z ciepłym morzem, tajskim masażem, parasolami z trawy oraz drinkami full inclusive. Ucieszyłem się, gdy zapowiedzieli mój

samolot. To był De Havilland. Dwa śmigłowe sil-
niki, ciasnota, małe toto, ale tylko do Monachium,
więc można było wytrzymać. Pod koła miał wciś-
nięte dwa hamulce, dwa drewniane klocki. Drewno było stare, surowe i spękane, jak ze skansenu.
Wystawały z niego kawałki postrzępionej linki.
Urządzenie przypominało hamulce używane przez
furmanów zwożących drewno w lasach Beskidu.
Jego widok napawał mnie otuchą. Niektóre rzeczy
były wieczne i nawet aeronautyczny high-tech nie
mógł im podskoczyć. Stewardessa powiedziała
„Grüss Gott", byliśmy wszak na katolickim południu, i pomyślałem sobie, że u nas „Niech będzie
pochwalony" albo „Z Bogiem" to mówią jeszcze
księża, ale personel pokładowy już raczej nie. W każdym razie w końcu wyjęli nam te klocki spod kół,
wystartowaliśmy i zaraz trzeba było lądować. Potem jak zwykle autobus i kluczenie wśród bezkres-
nych betonowych pastwisk z tymi wszystkimi od-
poczywającymi bydlętami z czterech stron świata;
tamtego wieczoru zaczynał padać deszcz, więc ich
grzbiety lśniły niczym grzbiety wielorybów. Gdy
już się dojechało, to tranzyt jak zwykle schodami
na górę, bramka z grenszucem, który nawet jak by
nie chciał, to i tak musi cię puścić, bo EU, i potem
już tylko spokojny spacer w szarych czeluściach

111

z wyjściem G46 i napisem „Krakau" na końcu. Wszędzie stoją automaty z kawą za darmo i można pić i pić, dopóki nie wysiądzie serce. Do Krakowa, nie wiedzieć czemu, lecą jacyś normalni ludzie z dziećmi, z teczkami, w okularach, a nie pijana oraz zarzygana angielska klasa robotnicza wypinająca gołe tyłki. Tamtego dnia, gdy papież był w Auschwitz, wystartowaliśmy o zmierzchu. Nad Bawarią zapadała mokra ciemność. Lecz potem, gdy znaleźliśmy się już wysoko, wysoko, na zachodzie otworzyła się długa, pozioma, świetlista szczelina. Lecieliśmy wzdłuż niej. Tutaj było ciemno, ale tam, w tym pęknięciu cienkim jak włos, jak rana po najostrzejszym ostrzu, płonął złocisty ogień, pulsowała purpurowa krew.

KONIEC